手のひらひとつで変わる！

私もコレで
8kg
ヤセました

食べグセ

美ボディ医師が教える

リセットダイエット

美容外科医　櫻井夏子

主婦と生活社

はじめに

ダイエットをきっかけに、拒食症、激太りを経験した私が美ボディを手に入れた2つのカギ

はじめまして。私は美容外科医として勤務しながら、美ボディを競うフィットネスの大会にチャレンジしています。健康と美容のために何ができるかを日々考え、自身のインスタグラムでも積極的に発信しています。

今では健康そのものの私も、じつは拒食や過食に苦しんだ過去があります。きっかけは大学入学。当時の私は身長160㎝、体重50kg。でもまわりのクラスメイトはもっとスレンダーで美しく、輝いているように見えました。

そして生まれて初めてのダイエットを開始しました。生真面目な性格が災いして、その後、健康に赤信号が灯ることになるとは知らずに……。

拒食症で体重38kgに。家から出ることもできず、生理も止まる

ダイエットセオリーどおりに、まずは間食をやめ、炭水化物をカット。そして肉も魚も……と、食べる量を少しずつ減らしていったら、最初の1カ月でストンと3kg落ちました。これで達成感が得られ、うれしくなって、もっと、もっとと拍車がかかってしまい、いつのまにか少量の野菜しか口にしなくなる状態が4年近く。最終的に体重は38kgまで落ちこんでしまいました。

人生でもっとも太っていた20代。数字の変動に一喜一憂し、体重が増えることがストレスになり、つねにイライラしていました

でもおそろしいことに、この当時の私はこんな体形でもまだ太っている、と思いこんでいたのです。家族も心配し、もっと食べるよう促してくれたのですが、当時の私は聞く耳を持ちませんでした。

通学は電車で片道1時間弱の道のりでしたが、乗っていてもふらふら、大学についたときにはぐったり。悲鳴をあげている体を、さらに追いこんでしまっていました。

そんな日々が続いた結果、ついに家から出られなくなるほど衰弱し、生理も止まってしまいました。

反動で、過食へ。夜な夜な外食の生活がたたり18kg増!

そこでようやく私は「このままではいけない」と気づきました。自分で気づけたのが不幸中の幸いだったかもしれません。家族のサポートも得ながら、少しずつ食べる量を増やしていきました。

ところが……今度は食べること、食べられることがむしょうにうれしくなり、また一度食べ始めると満腹感がわからなくなってしまって、過食傾向になってしまったのです。

大学を卒業し研修医になったころには体重は54kg。

研修が終わり、いよいよ都内の病院に整形外科の勤務医として働きだすと、夜遅くまで脂っこいものを食べるような食生活が続き、体重は大学時より18kg増の56kgに。「9号の服が入らない……」それは人生で初めてのことでした。

「太る食べグセ」の見直しだけでストレスなく1年で8kg減。体も快調！

ちょうどそのころ、都内の総合病院から地方都市の小さな病院へと異動になり、この環境の変化を機に、ふたたびダイエットをしようと思い立ちました。

とはいえ、ヤセても「ヤセぎす」にはなりたくない。「いかに健康的にヤセるか」を真剣に考えました。

以前の私は、拒食症から脱したあと、食べることがひたすら楽しみになり、歯止めがかからなくなってしまいました。食べているときは幸福感で満たされ、適量を超えて食べることが「食べグセ」になっていたのです。

食べグセというのは文字どおり「くせもの」で、それがあたりまえになってしまうと、そうしないではいられない、それをしないと落ちつかない、という心理状態になってしまいます。

それならば……と、私は考えました。「確実にヤセられる食べグセ」をつければいいのではないか。

ダイエットにいいとされる食べ方は、今やインターネットにも情報があふれていますが、医師の視点でみると、なかには首をかしげざるを得ないものもあります。そこで私は、自分が過去、無意識にしてきてしまった「太る食べグセ」を振り返り、見直すことにしました。

その結果、1年で8kg減。ほとんどストレスなく、ダイエットを達成できたのです。本書には私自身が実践し絶大な手ごたえを得た「食べグセ」を数多く紹介しています。

さらに筋トレとの出合いでメリハリのついた美ボディに

2020年、「ベストボディ・ジャパン」出場時の写真。美しい体を目指し、食べ方、体の鍛え方を意識する生活にして2年でボディラインが劇的に変化。肌あれやイライラも改善！

そしてもうひとつ、今の私の健康な体をつくったのが「筋肉をつける」習慣です。

筋肉量が多いほど代謝が良くなる、つまりエネルギーを消費しやすい〝燃える〟体となり、ヤセ体質に変えられます。

ただし、筋肉をつけるといってもムキムキになりたいわけではありません。目指すのは女性らしいしなやかさとメリハリのきいたボディ。そこでトレーニングを少しずつ日常に加え、肉体改造に取り組み始めたのです。

それから２年で、美ボディコンテストで地区優勝するまでに。きちんと取り組めば、変化が手に取るようにわかるのも、筋トレのおもしろさ。私自身、取り組み始めて３カ月、半年、１年、と確実に自分の体型が変わってくることで、自分に自信が持てるようになりました。

大学入学時、周囲と比べて容姿コンプレックスに陥ってから20年。私は「**食べグセダイエット＋筋トレ**」でやっと健康的な体にたどりつくことができたのです。

今、私は都内のクリニックで多くの悩みを抱えた方々と、日々接しています。ヤセたいと切実な思いをもっていらっしゃる方々ともたくさんお話しし、治療だけでなく生活習慣のアドバイスもしています。

それを聞き入れ、実践してくださった患者さんが月を追うごとに美しく変わり、また生き生きとした表情になっていくのが、今の私の励みとなっています。

「美ボディ」を手に入れるのは、意外に簡単です。どうぞページをめくり、美への扉を開けてください。

櫻井夏子

今日からヤセる！
医師の「食べグセルール」をご紹介

「手のひら」をイメージするだけで「太る食べ方」をリセットできる！

1

主食（炭水化物）

「にぎりこぶし1個分」

一食につき、ご飯なら、おおむね小さめの茶碗に軽く1杯分になるイメージです。

パンや麺類に置き換えてもにぎりこぶし1個分は変わりません。軽くまとめたときにそのくらいの大きさになる量、と考えてOK。

「えっ、そんなに食べていいの?」

糖質制限をしたことがある人にとっては、けっこう多く感じるかもしれません。

でも、主食である炭水化物に含まれる糖質は、体や脳が働くためには不可欠なエネルギー源。補給されなければ疲労がたまり、頭もぼーっとして、動けなくなってしまいます。

また、炭水化物を摂ると血液中に糖として吸収されるので、血糖値が上がりますが、これにより人は満腹感を得やすいことがわかっています。

炭水化物を適切に食べることで、飢餓感が防げるので、つらい思いを減らすことができ、ダイエット意欲も長続きしやすくなります。

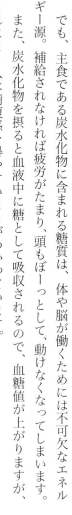

よくないのはあくまで「食べすぎてしまう」こと。それを防ぐ意味で、にぎりこぶしを目安にしてください。毎食、きっちりと実践できなくても、一日3食のうちで微調整をすれば大丈夫です。

夜は体の活動量が落ち、摂りすぎた分は脂肪として蓄えられやすくなるので、夕食は少し控えめに。握りこぶしの半分〜3分の2を目安にすると、より短期間で、ダイエットの手ごたえを得られやすいでしょう。

もし、おやつに甘いものを食べてしまったら、夜はその分を差し引くつもりで。握りこぶし半分〜3分の1くらいまで減らしても、エネルギーとしての糖質は十分に足りるでしょう。

ただし、同じ炭水化物、糖質だからといって、甘いお菓子が食事がわりのようになってしまっては、ダイエットが遠のいてしまいます。

甘いものは血糖値が急上昇して、余分な糖が脂肪に変わってしまうので、肥満になりやすくなるためです。また、お腹にたまりにくくすぐ空腹を感じるのでさらに何か食べたくなってしまいます。

一日3回の食事を守り、主食としてのご飯類をきちんと食べて、炭水化物としてカロリーをカウントするのが原則です。

2

肉、魚（たんぱく質）

「手のひらのふくらみにのる分」

　メインのおかずとなる肉や魚は、手のひらの指を除いた部分にのる大きさが一食分の目安です。肉はブロック、薄切り、ひき肉など、どれもこのサイズにおさまる分であればOKとします。

　ただ、肉に厚みがあるとボリュームが大きくなりますので、それは一日のなかで調節を。昼食に外食で厚切りのステーキを食べたとしたら、夜は半分程度の軽いものを、といった具合です。

　焼き魚だったら、頭と尾を除く身の部分がのる量を。刺身や、開いた干物などの加工品もそのままあてはめてかまいません。

　シシャモやイワシなどの小さめの魚なら、2～3尾が適量ですね。

　ひとつだけ気をつけたいのが、脂身の考え方。バラ肉やロースなどについている**脂身はたんぱく質ではなく、脂質、イコール油になりますので、ここでは含めないでく**

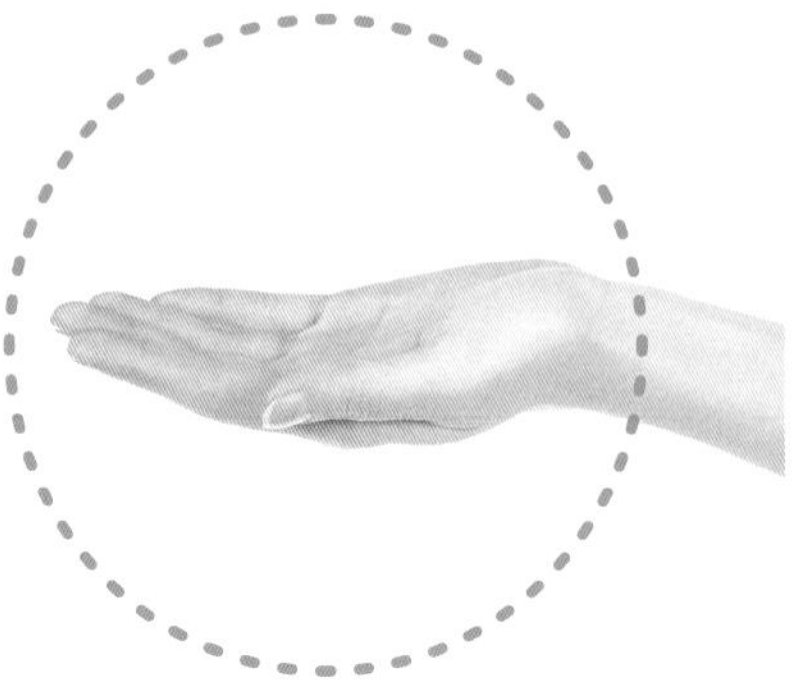

ださい。

動物性脂肪はカロリーが高いだけでなく、悪玉コレステロールを増やすもとに。血液をドロドロにしたり、動脈硬化といって血管が厚く硬くなり、破れたり詰まりやすくなってしまいます。肥満をはじめとした生活習慣病のもとになるので、できるだけ避けるのがベター。

家で料理をするときにも、外食で肉料理を選ぶときにも、脂身の多いミンチや霜降りよりも、ヒレやもも肉などの赤身を使ったメニューを選ぶといいでしょう。

肉や魚に多く含まれるたんぱく質は、必須アミノ酸といって、体に必要不可欠。そして体内ではつくることができず食品から摂らなければ補給できないアミノ酸が豊富です。肉は太るとの思いこみから敬遠されがちですが、適量を守ればむしろ、健康的で美しくヤセられる食材なのです。

なお、たんぱく質を多く含むおもな食品にはほかに、卵、豆腐などの大豆製品、チーズなどの乳製品があります。これらもおかずにする場合は、肉や魚と合わせて手のひら分、と覚えておきましょう。

毎日の食事のなかで、肉、魚、大豆製品、乳製品、卵をまんべんなく、バランスよく摂ることを心がけてください。

3 油

人さし指の第一関節分

人さし指の第一関節から上程度の量を、一食分の目安に。炒め物などの料理で使う油のほか、パンや野菜につけるなどでそのまま食べる油も含めます。

油の種類は問いません。オリーブオイル、バター、ごま油など、**食事で摂る油はすべて対象になります。**

こまかくいえば、肉や魚、ナッツにも油脂は含まれますが、見た目でどのくらい含まれているかを把握するのは難しいので、それらの油はここではあえてカウントしません。

そのかわり「今日は会食で霜降り肉をたくさん食べた」とか「カフェでナッツたっぷりのデザートを食べた」といったときには、その日あるいは翌日の油の使用を控えるようにして、調節を心がけて。脂質の多い肉、魚を食べた場合は、あえて人さし指の第一関節分の油は足しません。

油はダイエットの敵、といわんばかりに、毛嫌いする人もいます。たしかにたくさ

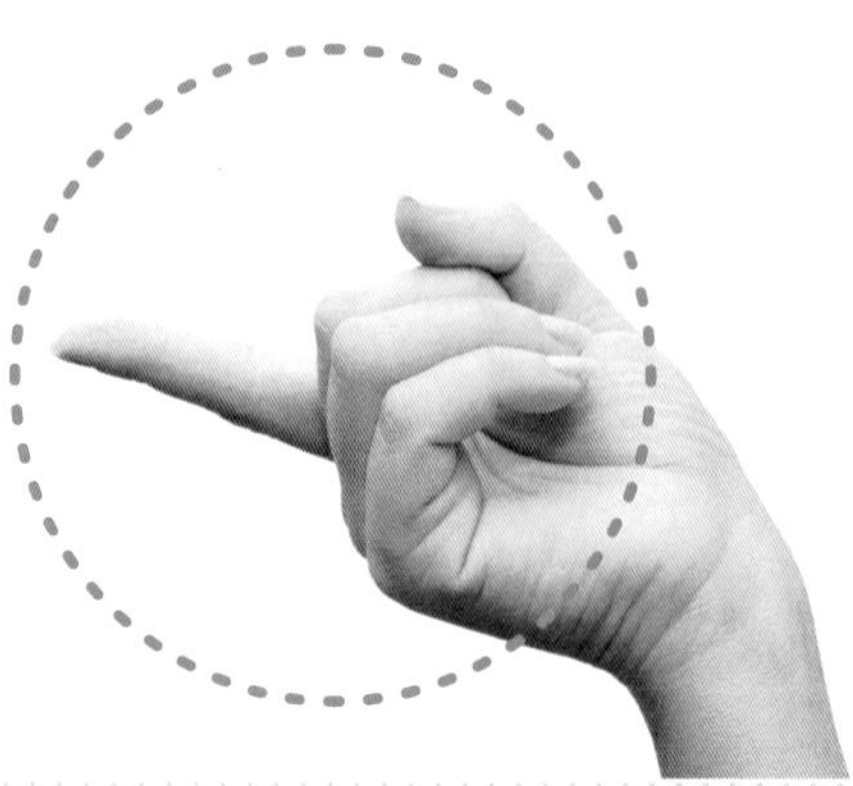

ん摂ってしまうと、カロリーオーバーして肥満のもとになりますが、やみくもに避けてしまうと肌が乾燥ぎみになったり、便秘しやすくなったりと、美容や健康によくありません。

また、油脂には体内のコレステロールをコントロールする働きがあります。私たちの体は数十兆におよぶ細胞から成り立っていますが、コレステロールはその細胞ひとつひとつを包む細胞膜の材料になるなど、体に欠かせない成分です。適量の範囲で油を摂ることは、健康にとってとても重要なのです。

ただ、肉の脂身は動脈硬化と呼ばれる血管の老化を進めるなど、健康にとってあまり望ましくないとされる脂肪なので、できるだけ食べないようにするほうが賢明です。たとえばステーキなら外側についている脂身をはずす、とか、ひき肉は脂身ごとミンチになっているものも多いので、それよりもブロックやスライス肉を選ぶ、などです。また、自分で調理するなら、先にゆでたり、熱湯をかけて湯通ししたりすると、余分な脂肪分を落とすことができます。

いっぽう、積極的にチョイスしたい良質の油もあります。近年、人気のココナッツオイルや、青魚の油などです。それらについては後述します。

4

野菜
手のひらに山盛り

水をすくうときのように指を軽く曲げて、お椀の形に。そこへこんもりと盛る量が、野菜の一食分の目安です。

野菜の場合、これまでの3項目とは少し異なり、最低限これだけの量は食べましょう、という意味合いになります。グリーンサラダなら、2杯、3杯と食べてもかまいません。

ふだん、あまり野菜を食べない人にとっては、1杯でも多く感じるかもしれません。でも、生活習慣病を予防し健康な生活を維持するための**野菜摂取量の目標は一日350gとされており、これは野菜サラダにすると手のひら約3杯分にあたります。**

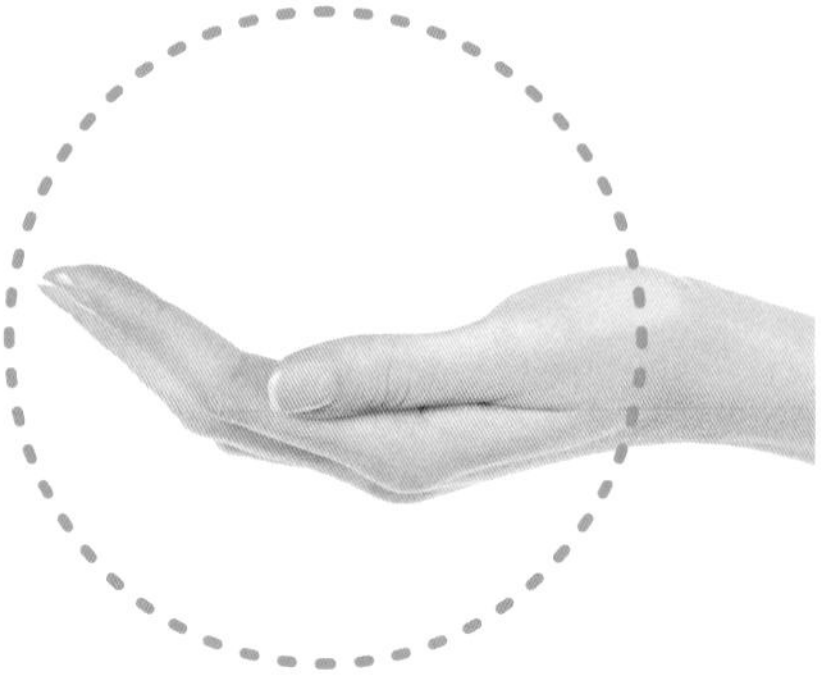

食事の最初に食べておけば、主食やおかずの食べすぎを防げますから、たくさん食べることはダイエットにとっても大歓迎なのです。

なお、サラダだけではなく野菜の煮物やおひたしなどもカウントされます。加熱するとかさが減り、たくさん食べることができますので、生野菜が苦手な人は工夫を。

ただ、ひとつ注意点があります。

野菜のなかでもにんじんやハス、ごぼうといった根菜類は、じつは炭水化物も多く含まれています。

そのため野菜だからといってどんなに食べてもＯＫとはなりません。葉物の野菜と合わせて手のひらでつくったお椀1杯分を目安にしましょう。

また、この手のひらで「食べグセ」をリセットするダイエット術では、野菜に含まれる炭水化物は、炭水化物としてカウントしませんが、もし煮物などで少し多めに根菜を食べるときには、少し主食を控えめにするとバランスがとりやすいでしょう。

サラダでも、ポテトサラダやカボチャサラダは炭水化物が多くなりますので、ダイエット中はできるだけ葉物がメインの取り合わせを選ぶようにしましょう。

また、ドレッシングを使いすぎないこと。ドレッシングは脂質や糖質をたくさん含んでいるため注意します。

なお、野菜には健康をサポートしアンチエイジングにも良い抗酸化物質が豊富に含まれていることが知られていますが、じつは野菜の「色」によって、その種類が異なります。詳しくは94ページでご説明します。

「太る食べグセ」をやめて
「ヤセる食べグセ」に変えるだけ！
そうすれば、食べても
ラクにヤセられるし
一生、リバウンドもなし！

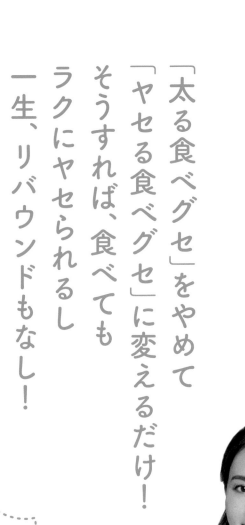

contents

第1章 ヤセたい人は「しっかり」食べなさい！

第2章 きれいにスッキリヤセる「食材選び」

第3章 一日5分からでOKの美ボディづくり

Staff
表紙デザイン　tabbydesign
本文デザイン　Isshiki（柴田琴音）
写真　岡利恵子
CanStockPhoto、photolibrary
校閲　山田久美子
編集協力　福田真由美
編集　谷知子

第1章

ヤセたい人は「しっかり」食べなさい！

ダイエット成功のシンプルルールはただひとつ、「継続できること」。私が日々心がけている「食べルール」をご紹介します。

太らない食べ方

1

ヤセたい人の新常識は「朝食に青魚」を食べる

ご飯に味噌汁、焼き魚……典型的な「日本の朝ご飯」が、ダイエットや美肌づくりにとってはベストな食事です。

キーになるのは「青魚」。イワシやサンマ、サバ、アジといった、背の部分が青緑がかっている魚の総称です。この青魚に含まれている油に、さまざまな健康・美容効果のあることがわかってきているのです。

青魚の油には、ＥＰＡ（エイコサペンタエン酸）、ＤＨＡ（ドコサヘキサエン酸）と呼ばれる成分が豊富に含まれています。雑誌やネットで名前を見かけたことがある！　という人もいるのではないでしょうか。いずれも体内では合成することができない必須脂肪酸の一種で、脂肪の合成を抑えたり、血液をサラサラにしたり、炎症やアレルギー症状を抑えたりなど（一日４gのＥＰＡを摂取すると紫外線による肌の赤みが抑えられるという報告も）、体に良い機能が国内外で注目されています。

こうしたＥＰＡ、ＤＨＡを含む青魚の油は、**夕食よりも朝食に食べるほうが、吸収が良くて効果的だといわれています。**

たとえば脂肪が合成されにくくなる働き。脂肪は、私たちが食事から摂ったエネルギーが消費されず余った分から合成されてしまいますが、このとき、脂肪酸合成酵素という酵素が関与します。朝、青魚を食べると、この酵素がつくられにくくなるという研究報告があります。

また、食事で摂った糖分をエネルギーに変えるように働くインスリンというホルモンや、食欲を抑えるＧＬＰ-１と呼ばれるホルモンの分泌が促されるといったことも報告されています。

さらには食べ続けることで、徐々に体質が改善され、リバウンドしにくい体にしてくれる効果も期待できます。

食べた分をすみやかにエネルギーとして消費し、かつ、食べすぎを防いでくれるというのですから、ダイエットにはこのうえないサポートになりますよね。

青魚は独特の青臭さがあってちょっと苦手、という人もいるかもしれませんが、塩焼きにしてレモンをかけたりすればほとんど気になりませんし、オリーブオイルと酢で漬けたカルパッチョにすれば、生でも抵抗なく食べられます。オニオンスライスやサラダと一緒に盛ればオシャレ＆ヘルシーな一品に。

忙しくて手間がかけられないときは缶詰でもＯＫです。

ただし缶詰は塩分が多めであったり、添加物が含まれているものもあるので、加工されていない鮮魚が理想ではあります。

2 皿は小さめを選び脳をだます

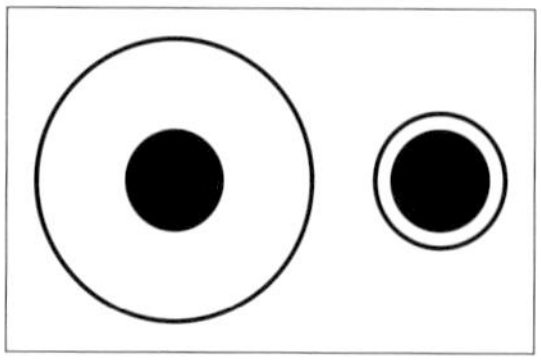

上の2つの絵を見比べてみてください。皿に描かれている黒い円の大きさは左右ともまったく同じ。でも右のほうが大きく見えますよね。

これは視覚のトリック。私たちが大きさを判断するとき、まわりにあるものに影響されることを示すもので、デルブーフ錯視と呼ばれています。上の例では料理の量感は、皿の大きさに左右されるというわけです。

それだけではありません。

同じ量でも小さい皿で食べると、脳が「たくさん食べた」と錯覚してくれるので、満腹感を得られやすくなります。今、自宅でおかずをのせるときに使っている皿の大きさを、測ったことはありますか？ カレー皿のような大きな皿をいつも使っている、という人は、もうひとまわり小さい皿に変える方が、ダイエットしやすいかもしれません。

男性と女性では体格や食べる量が違うので、一般的に男性は直径26cm、女性なら直径23cm程度の皿が、おかずをのせるのに適しているでしょう。

太らない食べ方

3 ひとくちごとに箸を置く

食事の時間、料理を目の前にすると「何から食べようかな」と脳がすっかり臨戦態勢になってしまい、次から次へと箸を伸ばしたくなります。

脳が「お腹いっぱい」と感じるときに働く満腹中枢は、食事開始後20分くらいたってから作動します。よくかんで、ゆっくり食べることは、ダイエットの鉄則ともいえるでしょう。

そこでおすすめしたいのが「ひとくちごとに箸を置く」。

食事の時間は、口に食べ物が入っている時間だけを指すのではありません。箸で料理をとり、口に運ぶ一連の動作も時間のうちですから、箸を置くことは、満腹中枢が作動するまでの「時間稼ぎ」になります。

実際にやってみると、箸を置くことで落ちついて食事ができ、ひとくちを味わうことに気持ちを向けることができます。箸を持ったままだと、口に食べ物がまだ入っているうちから「次は何を食べようかな」などと気がそぞろになってしまい、食べることに集中できないのです。

これでは脳が満腹感を得にくく、食べすぎのもとに。箸を置くだけでダイエット効果が得られるのですからもうけものです。

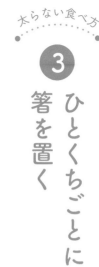

太らない食べ方

4

肉や野菜は「ちょい大きめ」に切る

自分で料理を作るとき、火の通りを気にしてこまかく切ったりしていませんか？　それではダイエットにとって逆効果。「大きめに切る」をおすすめします。

目安は「ひとくち分よりやや大きい」程度。「このまま口に入れるのはちょっとムリかな」というくらい。シチューやカレーで具材が「ごろっと」している、あのくらいのイメージです。

どうしてかといえば、そのほうがよく「かむ」からです。

子どものころ、家や学校で「よくかんで食べなさい」と言われた経験はありませんか。その教えは、ダイエッターにも有効。よくかめばそれだけゆっくり食べることになります。それによりたくさん食べなくても満腹感が得られやすくなります。

脳で「お腹いっぱい」を感じる満腹中枢が作動するのが食事開始後最低20分。よくかまない早食いではお腹が満たされず、思った以上にたくさん食べてしまったり、間食をしやすくなってしまったりするのです。

また、かむことが脳への刺激になることは、今までに国内外のさまざまな研究であきらかになってきています。

満腹中枢もそのひとつですが、**よくかむことで、ほかにもたとえば、幸せホルモンの異名で知られるセロトニンと呼ばれる脳内物質の分泌が促され、精神的に安定するだけでなく内臓脂肪の燃焼促進も。**

よくかむだけで、ダイエット効果&心も頭もスッキリするなら、一石二鳥ですね。

さらに、野菜や肉が大きいと、皿に盛ったときボリュームたっぷりに見えて、少ない量でも目で見て満足感が得られやすくなります。火の通りが心配、という場合は、切れ目を入れたり、レンチンしてから炒めたりすれば中までやわらかく、また炒め油の節約にもなります。

そして、よくかむほど消化酵素を含む唾液の分泌が活発になり、食べたものもこまかくなるので消化されやすくなり、胃腸への負担を軽くすることができます。胃もたれなどのトラブルを避けて、「おいしく食べる」ことがダイエット継続のポイントです。

なお、唾液は口内の細菌を洗い流し、清潔にする作用もあるほか、口の中がうるおうと口臭予防にもなるので、健康と美容の両面でメリットが。

おいしさは単に味だけではなく、見ごたえ、食べごたえ、かみごたえがあいまって感じられるもの。食事は本来、楽しい時間ですから、わびしい思いをせず少しでも華やかに、そしてゆったりと味わいたいものです。

太らない食べ方

5

小腹がすいたら かみごたえのあるおやつを食べる

太りやすい体質にしてしまう血糖値の急上昇を防ぐには、一日の食事回数を3回にして間食をしないのがもっとも効果的というのが私の考えです。

でも、夕食までの間にどうしてもお腹がすいてしまうことはだれにでもあるもの。夕方にもうひとがんばりしたいとき、空腹でやる気が出なくなったり、イライラして集中できなかったりしたらストレスになってしまいますよね。

また、空腹感はさほどでもないのだけれど、どうも口さみしい、と感じることもあると思います。何か味のあるものが口に入っていると落ちつくんだけどな、ということがよくあるのは、〝太りやすい習慣〟そのものなのですが、なかなか修正がききにくいもの。

そんなときのレスキューとして、かみごたえのある食品を常備しておくといいかもしれません。

たとえば「**するめ**」。あたりめともいいますが、イカを乾燥させたものでおつまみの定番としてよく知られています。コンビニでも気軽に、おやつサイズの小袋に入ったものが手に入ります。

するめはかたいので、空腹時でもそうすぐにお腹に届く食品ではありません。よくかんでいるうちに、脳の満腹中枢が刺激され、空腹感がおさまりやすくなります。

一般的に、ひとくちにつき30～40回かむようにすると、レプチンというホルモンの分泌が進み、食欲が抑制されてきます。医療機関でも、肥満や糖尿病の患者さんで食事制限が必要な場合、よくかむよう指導されます。

昔に比べ、現代人はかたいものをあまり食べなくなってきたといわれていますが、それももしかしたら肥満人口が増えている一因かもしれません。そう考えれば、昔から親しまれているするめは、今や格好のダイエット食ともいえるでしょう。

また、かめばかむほど味が出るので、少量でも満足感が得られやすい食品です。

さらに、イカが原料なので、主成分はたんぱく質。低糖質なので血糖値が上がりにくいほか、低脂質でもあるのでカロリーも気になりません。

ただし塩分はあるので食べすぎは厳禁です。間食1回につき少量を、時間をかけて味わいましょう。

なお、同じくかみごたえがあるアイテムとして、シュガーレスガムを小腹がすいたときにかんでいる、という人もいると思います。近年はむし歯予防でトクホ（特定保健用食品）の認定を受けている商品もありますが、人工甘味料をはじめとする添加物が使われているものも多く見受けられます。摂りすぎには注意しましょう。

太らない食べ方

6 一日の〝食べ物を口にする時間帯〟をできるだけ10時間以内に近づける

ダイエットするとき、食べる量のことばかり気にしていると、ストレスがたまってつらい、という人は、量のことをいったんわきにおいて、その日の「最初の食事」（朝食時刻）と「最後の食事」（夕食時刻）に着目してみると、ラクに取り組めるようになるかもしれません。

というのも、米国で興味深い実験が行われたからです。

カリフォルニア大学サンディエゴ校で、メタボリックシンドロームと診断され、かつ、一日のうちで最初と最後の食事時刻の幅（一日の〝食べ物を口にする時間帯〟）が14時間を超える食事習慣の人を19人集め、「朝食時刻と夕食時刻の幅を10時間以内におさめること」というミッションを与えました。なお、いつ食べるかは自由ですが、朝食べないなど、食事を抜くことは禁じました。

そして、実験開始2週間後からは、サポートツールとして、この実験のために特別に開発された、一日の生活時間を管理しやすくなるスマホアプリを使ってもらいました。

そうしたところ、最初の2週間は半数以上の人が達成できず、逆に15時間以上にもなってしまっていました。ミッションより多い12時間以内であっても、達成できた人はたったの1割しかいなかったのです。

ところが、スマホアプリを使ってからはめきめきと効果があらわれ、ほとんどの人が10時間以内を達成。実験開始前の平均は約15時間であったのに対し、約5時間も短くなりました。

これにともない、総摂取カロリーも減らすことができました。これは、時間制限があることで、間食を控えるようになったからではと考えられます。

そしてダイエット効果もめざましいものがありました。**食事に費やす時間が減ったことで、体重、BMI、体脂肪率、ウエストサイズなどダイエットで使われる指標がのきなみダウン**し、血圧や、コレステロール値も改善が見られたのです。さらに、血糖値の変動もゆるやかになり、インスリンの働きもよくなりました。インスリンは糖をすみやかにエネルギー化し消費する作用がありますから、働きが良いほど太りにくい体になるといえます。

別の研究では、**空腹時間が長いほどインスリンの働きがよくなり、メタボを改善できる**という報告もあります。

量を減らすダイエットで行き詰まったら、「朝、最初に食べ物を口にする時刻」と「夜、最後に食べ物を口にする時刻」に意識を向けてみませんか？

太らない食べ方

7 食事のときはスローテンポのBGMを流す

自宅でご飯を食べるとき、ゆったりとした曲を流してみてください。

私の場合、気分が落ちついてきて、さっきまでとてもお腹がすいていて、さあ、食べるぞーと意気ごんでいたのがおさまってきます。

音楽には、聴覚を介して脳に働きかけ、メンタルをコントロールする作用があります。たとえばスーパーではたいてい、リズミカルでテンポの速い音楽がかかっているものですが、これはお客さんの気分を高揚させ、購買意欲をそそるのに効果的とされているからです。

いっぽう、ホテルのラウンジやバーなどでは静かでゆったりした音楽がかかっていることが多いものですが、これもお客さんがくつろいで過ごしたり、商談などがなごやかに進むよう配慮された選曲といえるでしょう。

私たちは知らず知らずのうちに、音楽の影響を受けています。心理学の分野ではこうした効果を応用した音楽療法と呼ばれる治療法も確立されているほど。

お腹がすいているとき、私たちはいってみれば「臨戦態勢」。目の前にあるご飯をすぐ食べたくてたまらない状態です。食べ始めれば手や口の動きも空腹であるほど早くなるのはいうまでもありません。自覚の有無にかかわらず、早くお腹を満たしたくて気持ちがせかせかしているのです。

そこで、**静かなスローテンポの曲を流すと、時間がゆっくり流れるように感じられ、気持ちがまったりし、さほど空腹を感じなくなってきます。音楽を聴くことで、脳が「そんなにお腹がすいていない」と錯覚するのです。**

しかも、ゆっくりした音楽に合わせて、食べる速さもスピードダウンさせることができます。たとえば、ファストフード店では比較的アップテンポの軽快な音楽がかかっていることがありますが、これは暗に、お客さんが早く食事をすませ、店の回転率を上げるというねらいもあるとか。

逆に、スローテンポであれば食べるスピードも自然に抑えられ、時間をじっくりかけた食事ができます。そうすることにより脳の満腹中枢が働き、少ない量でもお腹いっぱいに感じられるようになるので、食事量も減らせる、というわけです。

小鳥のさえずりや小川のせせらぎといった、ナチュラルサウンド（自然音）を流すのもおすすめです。こうした音にはストレス解消効果もあるといわれています。まるでリゾート地のホテルにいるかのような、くつろいだ気分になれて、食事の時間がいっそう楽しくなることでしょう。

太らない食べ方

8

1杯の白湯で「砂糖依存症」を絶つ

甘いものがないと落ちつかなくて、イライラしてしまう、という人はいませんか？　仕事の合間などに「疲れたから」とか、「自分はもともと甘党だから」とつい言い訳に走ってしまいがちですが、甘いもので気分を上げようとする行動は、習慣化すると「砂糖依存症」と呼ばれる危険な状態に。

そもそも甘いものはドーパミンやノルアドレナリンなどの、多幸感をもたらす脳内物質の分泌を進めるとされています。理論的にも、甘いものがストレス解消に良いことはわかっているのです。

しかし、だからといってストレスを感じるたびに甘いものを食べていると、クセになってしまいやがて快感を得るために砂糖を摂るようになりかねません。こうなると脳が無意識に甘いものを欲する依存状態に。

「お腹はすいていないのに何かしら甘いものを食べたくなる」「ひとくちだけのつもりだったのに、甘いものを食べる手が止まらなくなってしまうことがある」。もしこのような食べグセに思いあたったら、かなり砂糖依存症が進んでいるかも。血糖値が上がりやすくなり、ダイエットの妨げになりますので見直しが必要です。

スーパーやコンビニに行って「ついでに」と甘いお菓子を買ってしまうのをやめ、家に甘いものを置かないようにするのがいちばんですが、いきなりまったく食べないようにするのも強いストレスとなり、精神的に良いとはいえません。

甘いものが無性に欲しくなったら、まずは1杯の温かい白湯《さゆ》やお茶を飲み、ひと息つきましょう。お腹が落ちついてくると、それまで「食べたい、食べたい」と前のめりだった気持ちにブレーキがかかります。食べるのをがまんできますし、食べたとしても量が少なくてすみ、勢いにまかせて口に入れずにすむのです。

また、お菓子よりは砂糖不使用のドライフルーツやいも、カボチャといった自然の甘みのものを食べるようにすると、舌がしだいに強い甘みを欲しなくなってきて、糖質を減らす助けになるでしょう。

なお、ふだんあまり甘いお菓子は食べない、という人でも、もしパンや清涼飲料水、インスタントスープなどの加工品が好物だったら要注意。甘くなくても、風味の調整などのために、思っているよりも砂糖が多く使われているものも少なくないのです。

たとえば酸味の強いトマトスープや酢の物は、そのすっぱさをマイルドにするために糖類が添加されているものがあります。

自分は大丈夫と思っていても、無意識のうちに砂糖をたくさん摂っていることがあるので、加工品にはとくに気をつけましょう。

太らない食べ方

9

「もうひとくち」の誘惑は歯磨きで強制終了させる

ダイエットのいちばんの敵は、ダラダラと食べてしまう食べグセ。

目の前にある食事がすんでも、なんとなくあとひとくちを食べてしまったり、お腹がすいていないのにもかかわらず、甘いものでしめたくなったり……そんな誘惑に勝てずつい、ダラダラと食べ続けてしまう経験はだれにでもあるのではないでしょうか

スマホやテレビを見ながら、袋菓子をあけてついつい……と自己嫌悪に陥ったことはありませんか。

いけない、いけないと思っていても、ついついやってしまう、そんな食べグセは脳をリセットして強制終了させましょう。

それには、好むと好まざるとにかかわらず「もう食べたくなくなる」状況をつくってしまうこと。そうすれば食欲と戦わずにすむので、かえってすんなりストレスなくやめられるものなのです。

その有効な方法のひとつが「歯磨き」。

歯磨きをしたあとの口の中は、すっきり爽快。すると脳は、**「食事が終わった」と認識するため、空腹感や食欲が自然とおさまっていくのです。**

たとえ、歯磨き後になお、まだ食べ足りないなあ、食べたいなあと思ったとしても、磨いたあとの口に食べ物を入れると苦くなるなどでおいしくありませんし、せっかくすっきりしたのに、また磨きなおさないと、と思うとおっくうになったりして、ほとんどの人が食べることをためらうはず。

それが続けば、歯磨き＝食べることを終わらせる「儀式」となり、〝ダラダラ食べ〟がムリなく解消されていくのです。

そもそも、口の中がいつも、食べたものにさらされているというのは、むし歯や歯周病のもとになり、健康にとっても良くありません。口臭も起こりやすくなるのでエチケット面でもマイナスに。食事ごとにきっちり歯磨きすることは、食欲をコントロールしてダイエット効果を生むだけでなく、清潔で美しい口もとをつくる役にも立つ、というわけです。

太らない食べ方

10 「だし割りしょうゆ」を利用して食べすぎを防ぐ

テレビのグルメ番組などで、レポーターが料理を口にしたとたん「うまーい！」と絶叫するおなじみのシーン。このときの「うまーい！」は「おいしい」と同じ意味で使われていると考えるのが普通ですが、それとは別に、「うまみ」という味覚が私たちにはもともと備わっています。

うまみとは、わかりやすくいえば「だしの味」。かつおや昆布、鶏ガラや煮干しなどでとる、あのだしです。よくラーメン店やうどん店など、スープが決め手といわれる飲食店では、それぞれ「秘伝のだし」をもっているもの。お客さんをひきつけて離さない、大きな売りのひとつです。

それほど私たちにとって、うまみというのはおいしさと直結している、といっても過言ではないでしょう。

しかし、私たちはふだんの食事でだしだけを飲む、という機会はめったにありません。たいていそこに塩やしょうゆ、味噌などが入り、すまし汁や味噌汁として飲むのが一般的です。実際、だしだけを飲んでも「食事として摂るのには、これだけでは物足りない」という感想が大半を占めるのでは？　とも思います。

でも考えようによっては、そう思うこと自体が、塩やしょうゆを多用した濃い味に慣らされているゆえんともいえるのでは？　さらにいえば、こうした**だしのうまみをおいしいと思えるようになれば、塩やしょうゆをたくさん使わずにすむうえ、低カロリーですから食事の最初に飲めばお腹がある程度満たされ、そのあとに食べる量を減らすこともできます。**

このように、だしはじつは、心強いダイエットフードなのです。

たとえば煮込み料理は野菜や魚、肉といった食材そのものからうまみが出ます。その味わいを楽しめるようになれば、塩やしょうゆといった調味料が少なくてもおいしく食べられるようになります。

最近は、しょうゆにこうしただしを足して薄め、塩分を抑えつつうまみを補う「だし割りしょうゆ」が、血圧を気にする人のあいだで人気です。

私は先に述べた理由から、ダイエット中の人にもおすすめします。むくみが気になる人にもいいですね。

作り方は簡単。昆布やかつお節などの自然の食材からとっただしを、しょうゆに適量加えるだけです。市販の顆粒だしやだしパックのなかには、砂糖が含まれていることも多いので、できるだけ自然の食材を使うか、商品パッケージを確認して塩分の含まれていないものを選ぶといいでしょう。

太らない食べ方

11 食事日記で自分の「食べグセ」を知る

一日に食べたものを書き出しておきましょう。この方法は多くの医療機関での減量指導で採用されており、成果が上がりやすい方法として評価されています。

「記録することが大事なのはわかっているけど、つい三日坊主になっちゃって」とか「どうもおっくうで」という人は、**まずは１週間だけでもいいのでトライ**してみましょう。

書く内容も、「ペペロンチーノ、サラダ、コンソメスープ」といった具合でＯＫ。食材ひとつひとつを書き出す必要はありません。また、カロリーや糖質の量など、数値をことこまかに計算する必要もありません。

ただし、間食や夜食も忘れず書き出すこと。「ご飯を少なめにしているのに、ヤセない」という人は、案外おやつについつい、甘いものをつまんでいるのを忘れていることが多いのです。食後のデザートも同様です。果物やヨーグルトなど、ほんのひとくちだけだとしても書いておきましょう。

あくまで**記録は「食べグセ」をつかむためのもの。**「揚げ物が続いたな」とか「海藻類が少ない」など、自分が知らず知らずのうちに陥りがちな食の偏りがわかればＯＫです。もちろん、数値まできっちり知りたい、残したい、という人はつけてもかまいません。

数値といえば、近年は「GI値」や「GL値」が注目されており、とくに糖質オフを心がけている人にとっては知っていてあたりまえのようになっています。GI値とは糖質の吸収の速さを表す指標であり、低GI値ほど吸収が遅い、つまり血糖値が急上昇しにくい、といえます。ただしGI値は食品に含まれる糖質の量を考慮していません。そのため、低GI値の食品でも含まれる糖質が多ければ血糖値が上がりやすくなりますし、高GI値であっても糖質の量が少なければさほど影響しないといえます。

これに対しGL値は、食品に含まれる糖質の量も考慮されていますので、より現実に即しているといえます。海外ではGI値よりもGL値のほうが主流となっているところが多いようです。

ただし、血糖値は食べる順番や、ゆっくり食べるなどの食べ方によっても上昇のしかたが変わってきます。GI値にしろ、GL値にしろ、必ずしも実際の食生活では、示された数値が血糖値の上がり具合を反映しているとはいえないのです。したがって私は、あまりこれらの数値にこだわることには賛成できません。今まで本書で述べてきた、栄養バランスがとれていて、カロリーや糖質を摂りすぎない、といった基本を守ることのほうが、結果を出しやすいと考えます。

太らない食べ方

12

腸スッキリ美人になるために一日1杯、味噌汁を飲む

今やダイエッターの必須項目ともいえるのが「腸活」。腸が整えば便秘知らずになるだけでなく代謝も高まり、ヤセやすい体に近づくことは多くの方が知っていることでしょう。

これだけではありません。腸が整うと美肌や活力アップ、メンタルの安定、免疫力向上など、体にも心にもいいことずくめ。それらを担っているのが、腸にすんでいる膨大な数の腸内細菌です。

腸内細菌は人間が食べたものなどをエサにして増えたり、体に役立つさまざまな物質をつくり出したりして体の内側からメンテナンスをしてくれる役割をもっています。ただし、細菌とひとくちにいっても性質はいろいろ。大きく分けると、良い影響をもたらす「善玉菌」悪い影響をもたらす「悪玉菌」、ふだんは中立で、優勢なほうの味方につく「日和見《ひよりみ》菌」の3種類があります。

腸活に良いのはいうまでもなく「善玉菌を増やすこと」。それにうってつけなのが発酵食品なのです。

発酵食品とは、大豆、米、麦、魚、肉などの原料に含まれるたんぱく質やデンプン質などの栄養素を、酵母菌などの微生物が分解（これを発酵という）してできる食品の総称で、うまみや保存性が増すだけではなく、近年はその健康効果も注目されています。

発酵食品には善玉菌のエサになったり、善玉菌の作用を助けたりする成分が豊富に含まれているからです。

日本の食文化には、発酵食品が昔から根づいています。しょうゆ、味噌、こうじ、納豆、ぬか漬けなど、ざっと挙げるだけでも、ふだんの食卓にのぼるものばかり。また、チーズやヨーグルトも発酵食品の仲間です。

そんななかで、私にとって欠かせないのが「味噌汁」です。

発酵食品である味噌を摂れるほかにも、**あたたかい汁物がお腹に入ると空腹感が満たされ、食べすぎを防げる、**具にたっぷりの野菜を入れればさらに満腹感が得られ、食物繊維も摂れることが味噌汁の魅力です。白味噌ならほんのり甘いポタージュスープ風に、など、味噌の種類によって変わる味わいも楽しめます。

外食続きだった食生活を改め、**一日１杯、家で作る味噌汁を習慣にしてから、お通じがみるみるうちによくなって、お腹がスッキリ、ぺたんこに。**味噌は冷凍できますので、だしや刻んだネギなどと混ぜてアイスキューブで冷やし固めておき、使う分だけ出してお湯を注ぐだけでも、おいしいお手製インスタント味噌汁に。まとめて作り置きできるので便利です。

太らない食べ方

13

「スプレー調味料」でムダなカロリーや塩分をカットする

脂質は、生きるために必要なホルモンや細胞の成分をつくるもとになるので、極端に減らすことは賛成できません。あくまで「摂りすぎない」ことが基本です。

食事で摂る脂質のうち、比較的自分で調整がしやすいのは、肉の脂身などの食材にもともと含まれている油よりも、調理で使う油だと思います。

ふだんよく自炊する人ならもちろん、それほど……という人でも、家に必ずあるのが調理用の油。オリーブ油だったり、ごま油だったり、料理に合わせて数種類置いてある、という人も多いかもしれません。

問題なのは、その使い方。ほとんどの人が、「買ったボトル」のまま置いてあって、使うときもそこから直接フライパンに入れるのではないでしょうか。

市販のたいていのボトルは注ぎ口が大きめなので、出す量の調節がききにくく、フライパンや鍋にどぼどぼっと、出しすぎてしまった！　なんてことも。

油の摂りすぎは、肥満につながります。調理に使う油はできるだけ少なくしたいもの。そこでおすすめなのが、「オイルスプレー」です。

シュッとひと吹きすると、なべ底の広い範囲に均一にオイルがスプレーされ、ムダがありません。そして使う量を大幅にカットしてくれます。

オイルスプレーの活用法は、炒め物などの油を使う調理時だけにとどまりません。たとえばゆでたパスタにオリーブオイルをからめるとき、買ったままの容器から直接注ぐと大量に出てしまうわりには全体にいきわたりにくく、ムダになってしまいます。

そんなときにスプレーで吹きつけながらからめれば、最小限の量でまんべんなくいきわたらせることができます。

また、軽く塩、こしょうしたサラダにシュッとひと吹きすればヘルシーなドレッシングに。レモンやハーブで風味をプラスするなど、オリジナルも楽しめます。

市販のこってり、濃い味のドレッシングは油もカロリーも多めですから、カロリーカットができてしかもおいしいとなれば、オイルスプレーを活用しない手はありませんね。

むくみが気になる人におすすめが「しょうゆスプレー」を使った減塩です。

食事において、「最初のひとくちの印象」はとても重要だと思っています。そのひとくちがまずかったら箸は進まないでしょう。もし、ふたくち目以降が薄味であっても、最初のひとくちが濃いめだったら、**脳をうまく「だます」ことができて、物足りなさをそう感じずに食事を終えることができます。**

その、最初のひとくちでメリハリをつけるのにお役立ちなのが「しょうゆスプレー」なのです。しょうゆを吹きつけることができる小さなボトル容器で、100均ショップなどで入手できます。減塩にもなるし経済的、と、今やキッチンの便利ツールとしてちょっとした人気者になっているようです。

しょうゆを小皿にとったとき、どの程度の量になるかを気にする人はあまりいないでしょう。ドボッと出してしまいムダにしてしまった、とか、もったいないからたっぷり使ってしまった、なんて経験はないでしょうか？

しょうゆを皿に、ひとたらしするとそれだけでも約5ccになります。ところが、しょうゆスプレーでひと吹きした量は約0.1cc。単純計算で50分の1ということになります。

たとえば、デパ地下やスーパーなどでパックに入ったお寿司やお刺身を買うと、しょうゆの小袋がついていることがよくあります。パックの大きさにもよりますが、この小袋にはだいたい5～10cc程度入っています。

使いきりですから、小皿にあけたら全部使わないともったいないような気がしますが、かなり塩分を摂ることになってしまいます。

いっぽう、しょうゆスプレーでひと吹きした量はたったの約0.1cc。お寿司1個につき1回吹きつけて10個分でも1ccです。単純計算で5分の1から10分の1の量ですむ、ということになります。オイルスプレーと同様、ストレスフリーでむくみのもとになる余分な塩分をオフできる、すぐれものといえるでしょう。

太らない食べ方

14 食べる前に色や香りを味わう

仕事が終わってお腹がぺこぺこなあなた。今日は外食にしようとお店に入り、料理が運ばれてきたとたん、さあ食べるぞとせきをきったようにパクパク……空腹時にありがちなシーンではないでしょうか。早食いは大食いのもと。また、せっかくの外食できれいに盛りつけられた料理が運ばれてきたのを楽しまずして、すぐさま口に入れてしまうのは、ダイエットにとってもったいない行為です。

脳は、味だけでなく、色や香りからも「おいしさ」を感じ、それらで満腹感を得るからです。色とりどり、食欲をそそるような見た目も、食材や調味料、スパイスなどの香りも気持ちを高ぶらせ、おいしさを演出してくれるものです。

出された料理をじっくりと観察する。これだけでもすでに脳は食べたような錯覚を起こし、満腹中枢の作動が早くなるといわれています。食べ終わったあとも「おいしいものをしっかり、味わった」という実感が得られるので、ダイエットのために食事制限していたとしても、少ない量で満足度を上げられるのです。〝ながら食べ〟の防止にもなります。

太らない食べ方

15

食物繊維は「毎食」&「最初に」摂る

ダイエットを成功させたいなら、食物繊維を積極的に摂ることは基本中のキホン。野菜を先に食べる＝ベジファーストという言葉も、ダイエットに関心のある人のあいだでは定着しつつあります。

なぜ、最初に食べるのが良いのでしょうか。

それは、食物繊維を先に食べておくことで、小腸での糖（ブドウ糖）の吸収をゆるやかにすることができるからです。空腹時に糖質の多いものを食べると、すぐに吸収され血液中の糖の濃度（血糖値）が急上昇してしまいます。

これを下げるために、すい臓からインスリンというホルモンが分泌されるのですが、あまりにも血糖値の急上昇が繰り返されると、すい臓が疲弊してインスリンの分泌やききが悪くなってしまいやすくなるのです。その結果、体内で糖がすみやかにエネルギー化されにくくなり、肥満しやすくなったり、血液中に糖がだぶついて糖尿病のもとになったりなどの悪影響がおよびます。**糖の吸収を穏やかにし、血糖値の急上昇を防ぐのが食物繊維。さらに、先に食べれば満腹感も得られやすくなるので、糖質の量そのものも、摂りすぎずにすみます。**

食物繊維はまた、腸内細菌の格好の「エサ」となります。腸内細菌のなかでも体に良い成分をつくり出す善玉菌が元気になり、腸内環境が良くなるのでお通じが整うなど、ダイエットに好都合となります。

食物繊維には、水溶性と不溶性の2種類があります。とくに私がすすめるのは、このうち水溶性の食物繊維です。海藻類や豆類、ごぼうやにんじん、サトイモなどの根菜などに含まれています。果物にも含まれていますが、果糖も多いので糖質を考えると食べすぎには注意したいものです。

水溶性の食物繊維は、名前のとおり水に溶け腸の中でゲル状になります。これを腸内細菌がとりこみ、元気になって私たちの健康に恩恵をもたらす物質をたくさんつくってくれるのです。

いっぽう、野菜などに含まれる不溶性食物繊維も腸内環境を整えるのに役立ちます。不溶性食物繊維はいわば「腸のお掃除役」。大便のかさを増し、ぜんどう運動も活発にして、体にとって不要なものをスムーズに排出する助けになってくれます。ただ、摂取のしすぎは逆に便秘を招くので注意が必要です。

太らない食べ方

16

腹持ちをよくする「ご飯」を食べる

ヤセたいと思った人が、食事でまず何に取り組むかといえば真っ先に思いつくのが「ご飯を減らす」ことではないでしょうか。ご飯を抜いて、おかずだけを食べるダイエットをしたことがある人もきっと多いことでしょう。

そんな人でも、なぜかパンにはあまり抵抗感がなかったりします。聞くと「ご飯はお腹に重いけど、パンなら軽いから罪悪感がない」とか「パンは朝食べることが多いから、太りにくいと思って」といった答えが返ってきます。

でも私は断言します。「ダイエットを成功させたいなら、ご飯を食べましょう」と。

先の「ご飯はお腹に重い」は、重い分、食べてしまった後ろめたさが大きいからではないかと思われますが、裏返せばお腹にたまるからこそ、空腹感に悩まされにくいともいえます。

いわゆる「腹持ち」の良さは主食のなかでもご飯は断トツ。主食を食べなかったり、あるいは小さなパン1つですませたりすると、次の食事の前にお腹がすいて、間食に走ってしまい、結局一日に食べる量が増えてしまったという例はあとをたちません。

それだったら、食事のときにはしっかりお腹にたまるものを食べ、間食・夜食を防ぐほう

がよほど、体にとってはダイエットに適した食べ方といえます。

ご飯はたしかに、炭水化物がメインの栄養素となります。しかし、人間が生きるためには、炭水化物からつくられるエネルギーが欠かせませんし、脳にとっても必要な栄養素です。もちろん食べすぎはよくありませんが、まったく食べなくなってしまっては、ヤセたとしても活力がなくなってしまい、頭もぼんやりします。

そしてご飯には、脂質はほとんど含まれません。パンの場合、多くは味わいや口当たりの良さを出すためにバターや生クリーム、砂糖などが配合されており、炭水化物だけでなく脂質も多く摂ってしまうことになります。またコンビニなどで売っている安価なもののなかには、ショートニングやマーガリンを使用しているものもあるので、パンを推奨しません。

パンやパスタ、うどんなどの主食がNGといっているのではなく、外食などでたまに取り入れるのはいいのですが、メインは1回につきにぎりこぶし1個分のご飯をおすすめします。間食グセ、夜食グセがなくなり、ヤセやすい食事のリズムが整ってきます。

太らない食べ方

17 なるべく精製されていない主食を食べる

ダイエットには栄養バランスよく食べることが鉄則で、とくにビタミンやミネラルが重要です。

そこで主食は胚芽米がおすすめ。パンを食べるなら全粒粉パンなどの、**できるだけ精製されていない穀物をおすすめします。**

理由は大きく3つあります。

1つめは、ビタミンやミネラル、食物繊維が多いこと。白米や薄力粉は精製の過程で胚芽やふすまが取り除かれてしまいますが、そこに植物由来のビタミンやミネラル、食物繊維が豊富に含まれているのです。

その分、精製された白米や小麦粉といった〝白い〟主食よりも炭水化物のなかでも糖質は控えめになりますから、その点でもダイエットに適しているといえます。

2つめは、血糖値を上げにくいこと。主食や甘いものに含まれる糖質は、とくに空腹時に食べると血糖値を急上昇させ、糖を代謝するホルモンを分泌するすい臓に負担をかけるだけでなく、太りやすい体質にしてしまいます。いっぽう、精製されていない穀物に多く含まれている食物繊維は、糖の吸収を抑えるように働くので、血糖値が上がりにくくなる、つまり太りにくくなる、というわけです。

さらには、精製された主食よりも**かみごたえがあるので、満腹感が得られやすい**ことです。よくかんで、ゆっくり食べることで、脳が満足し食べすぎを抑えられます。

たとえば全粒粉のパンには、こまかなつぶつぶが入っていますが、これがふすまなどの食物繊維に相当する部分で、全粒粉パンのちょっとハードな食感、かみごたえを生み出しています。かむほどに感じられる少し香ばしい風味が好き、という人もいるでしょう。

そもそも、日本で精製された白米が一般庶民のあいだでもよく食べられるようになったのは第二次世界大戦以降。古代日本で農耕が始まったのはおよそ1万年前と考えられていますから、人類の長い歴史上、ごく最近のことといえます。それほど、食物繊維は私たちにとって身近であり、健康づくりに欠かせないといっても過言ではありません。

食物繊維には女性の大きなお悩み、便通を改善する働きもありますから、ダイエットや美容のためにはしっかり摂りたいもの。主食も選び方しだいで味方になるのです。

太らない食べ方

18 甘いものは間食ではなく食後のデザートにする

3時になるとそわそわしてお腹もグーッ。条件反射的におやつが食べたくなってしまう、そんな人はいませんか？

朝昼晩の一日3食に加え、**3時のおやつが毎日の食習慣になってしまっている人は、血糖値の高い状態が続いて、太りやすい体質になりがち**といえます。

血糖値については前述しましたが、糖質を摂ったあとに急上昇します。健康な人なら2〜3時間もすれば下がってきますが、一日のうち糖質を摂る回数が多いと、血糖値が下がりきらないうちにまた上がる、を繰り返すことになり、そうしているうちに下がりにくくなってしまうのです。

血糖値が下がりにくくなる＝血中に糖がだぶつく、ですから、体の中はつねにエネルギー過剰な状態。余分なエネルギーが脂肪に変わっていき、肥満へと一直線。これではダイエットどころではありません。

いっぽう、一日のうちで口にする甘いものの量が同じだとしても、空腹を覚えたときに間食として食べてしまうと、血糖値が急上昇しやすくなります。

「血糖値スパイク」という言葉を聞いたことがあるでしょうか。これは、ふだんの血糖値は高くなくても、空腹時に甘いものを食べたあと、一時的に異常な上がり方をする現象で、太りやすい体になってしまったり、血管が傷みやすくなり本格的な糖尿病にかかりやすくなってしまうなど、健康へのさまざまな害が指摘されています。

デザートとして食後に食べるほうが、血糖値は上がりにくくなります。先に野菜や海藻など、食物繊維を多く含むものを食事で摂っていれば、あとから食べる糖質の吸収が抑えられるからです。

あえて一日に食べる回数を増やして、その分、1回あたりの食事量を減らす「分食」という方法もあり、糖尿病の食事療法などで使われています。

しかし、もともとたくさん食べることに慣れている人にとっては、少量では物足らず、結局しっかり食べてしまいがち。そうなると分食の意味がなく、食事回数が増える分、摂取エネルギー過多になってしまうという逆効果のおそれも。

そのため私は、食事回数は一日3回にして、甘いものが欲しいときは各食事の最後に食べることをおすすめします。血糖値の急上昇が抑えられるだけでなく、先に食べたものでお腹が満たされているので、少量で満足し食べすぎを防げるのもメリットといえるでしょう。

太らない食べ方

19

脂肪を効率よく分解&燃焼！コーヒーを飲む

コーヒーといえば眠気覚ましの一杯というイメージが強いかもしれませんが、じつはダイエットに効果的な成分がいくつも含まれています。

カフェインもそのひとつ。あまり体に良くない印象をもたれがちなカフェインですが、リパーゼという脂肪分解酵素や、脂肪を燃焼しエネルギーに変える褐色脂肪細胞を活性化する働きが知られています。

それに加え、近年、注目されておりトクホ（特定保健用食品）などでもクローズアップされているのが、コーヒーに含まれる「クロロゲン酸」というポリフェノールの一種です。

脂肪が燃焼するとき、体内で脂肪酸に分解されてから細胞のミトコンドリアに運ばれ、そこでエネルギー化するのですが、クロロゲン酸にはそのミトコンドリアへの脂肪酸の取りこみを促進させる作用があるとされています。

つまり**コーヒーには脂肪の分解を促し、燃焼しやすくするという、ダブルのダイエット効果がある**というわけです。

お手数ですが
63円切手を
お貼りください。

郵便はがき

104-8357

東京都中央区京橋3-5-7
株式会社 主婦と生活社
ライフ・ケア編集部

手のひらひとつで変わる!
美ボディ医師が教える
食べグセリセットダイエット

読者アンケート係　行

本書をお買いあげいただき、誠にありがとうございました。お手数ですが、
今後の出版の参考のため各項目にご記入のうえ、弊社までご返送ください。

お名前	男・女	歳
ご住所　〒		
Tel	E-mail	

今後、著者や新刊に関する情報、新企画へのアンケートなどを、郵送またはeメールにて
送付させていただいてもよろしいでしょうか?　＊1

□はい　□いいえ

あなたのご意見・ご感想を、広告などの書籍のPRに使用してもよろしいですか?

1　実名で可　　2　匿名で可　　3　不可

※ご記入いただいた個人情報はプレゼントの発送、および上記＊1の目的以外に利用することはありません。

●この本を何で知りましたか？

1.書店で見て（書店名　　　　　　　　　　　　　　　　　　　　　　　　　）

2.新聞（　　　　　　　　　　新聞）　3.雑誌（　　　　　　　　　　　　　）

4.インターネットの情報（　　　　　　　　　　　　　　　　　　　　　　　）

5.その他（　　　　　　　　　　　　　　　　　　　　　　　　　　　　　　）

●本書へのご意見・ご感想をお聞かせください。

ご協力ありがとうございました。

なお、クロロゲン酸には糖を分解する酵素の働きや、糖が血液中へと移行するのを抑制する作用、また近年、血糖値の上昇を抑制しダイエットホルモンとの異名をもつＧＬＰ-１の生成を促進する作用も知られています。

さらに、コーヒーに含まれているカフェインには、**食欲を抑制する作用も**あります。食欲は自律神経の支配を受けており、交感神経が優位に立つと抑えられ、副交感神経が優位に立つと増進します。カフェインは交感神経を活発にし、食欲を抑制するホルモンの分泌を進めることがわかっています。

食べすぎ防止のために、食前に一杯のコーヒーを飲んでお腹を落ちつかせておくことは、ダイエットにとって効果的というわけです。

もちろん、ダイエットに役立てたいなら砂糖やミルクは入れず、ブラックで。

ただし、コーヒーはあくまで嗜好品ですから、苦手なのにもかかわらずダイエットのため、とムリして飲む必要はありません。「コーヒーを飲むだけでヤセる」といった、極端な考え方に陥らないでください。

なお、コーヒーに含まれるカフェインは、摂りすぎると頭痛や嘔吐、下痢といった中毒症状を起こすことがあります。海外では、健康に悪影響が出ない量として、健康な成人で４００㎎／日と設定している国もあります。コーヒーの場合、一日３杯までが目安となります。

太らない食べ方

20

スパイス&ハーブでムリなく減塩する

太っている人は濃い味が好きな傾向があります。甘辛いタレがしみた焼き肉、串揚げにぼってりしたソース。ネットなどで「無限〇〇」とか「悪魔の△△」と名前がついた創作メニューなども、パンチのきいた味で手が止まらなくなるものがほとんど。ご飯も進むので、結果的に食べすぎを招いてしまいます。

濃い味は塩分も高いので、あとからのどが渇き水をたくさん飲むことに。それが続けばむくみの要因にもなりかねません。

「薄味に慣れる」 こともダイエット成功のポイントと私は考えます。

それでは、どうしたらいいでしょうか。料理に使う塩やしょうゆをただ減らすだけでは味気なく、食事の楽しみがなくなってしまいます。ストレスになって、反動で甘いものやスナック菓子をどか食いしてしまう、なんてことになったら元も子もありません。

整形外科医時代、東京から地方の病院への異動をきっかけにそれまでの外食ざんまいから自炊中心の食生活へと切り替えていったころ、最初のうちは外食の濃い味が忘れられず、調理に塩やしょうゆをたくさん使っていました。でも、そうした塩辛いものを食べるとどうしてもご飯やパンが欲しくなります。これではいけないな、と思い、薄味を心がけるようになったのですが、そのとき意識して活用したのが「スパイス＆ハーブ」です。

唐辛子やカレー粉などの辛いものは塩分も高いと思われがちですが、それは誤解。スパイスの辛みは、塩由来ではありません。

むしろ、塩分を控えたい人ほど、香辛料の活用をおすすめします。香辛料の辛さで味わいを補えば、塩分控えめでも風味が増して、薄味で物足りない思いをしないですむので、ムリのない減塩ができると考えるからです。

また、バジルやローズマリー、タイムといったハーブも料理のアクセントに。たとえば、ステーキや魚のホイル焼きにレモンとディルとか、網焼き肉にローズマリーといったように、です。しょっぱい味に慣れていた舌が、こうした絶妙な辛みや酸味をおいしいと思うようになればしめたものです。

また、みつ葉、大葉、わさび、しょうがといった和の香味野菜や薬味も、メインとなる食材に風味を添え、塩分が少なくてもおいしさをアップしてくれます。

さまざまな風味づけやトッピングを楽しみながら食べられるようになれば、**ご飯の量はもちろん、食事全体の量も抑えられます。減量と減塩が同時にできてとてもヘルシー。**ぜひ意識して取り入れてみてください。

太らない食べ方

21 空腹で眠れないときはホットミルクではなく、湯豆腐を食べる

夜、あとは寝るだけなのにどうしてもお腹がすいてしまった……そんなことはありませんか?

夜の10時から2時までは成長ホルモンの働きが活発になり、細胞の修復が進む時間帯とされています。美容に敏感な人なら、肌のケアやトラブル予防のために、どんなに忙しくてもこの時間帯は必ず眠る、という人も多いゴールデンタイムといえます。最近は「シンデレラタイム」と呼ばれることも。

ダイエットに関してはどうでしょうか。じつはこの時間帯にビーマルワンと呼ばれるたんぱく質の分泌が盛んになります。このたんぱく質は、脂肪細胞に脂肪をためこむ働きがあるとされています。つまり分泌の多い**夜の10時~夜中の2時は、脂肪が蓄積されやすい時間帯**といえます。

また、夜は活動性が落ちるため、消費エネルギー量も低下します。そのため夜食を摂ってしまうと、エネルギーが余りやすくなり、その分、脂肪に変わってしまいます。

これらのことから、できるだけ夜食は摂らないのがダイエットには良いのですが、空腹で

眠れないようなときには、低カロリーで高たんぱくの、消化がよい食べ物をチョイス。エネルギーの余剰分が出にくいだけでなく、胃腸への負担もかかりにくいのでおすすめです。

また、季節を問わず、冷たいものよりも、温かい食べ物のほうが空腹感を癒やすには効果的です。

私のいち押しは「湯豆腐」です。豆腐は高たんぱくで低糖質、低カロリー、消化によく、温めることで満足感も得られやすいでしょう。**夜食に限らず、小腹がすいたときのために、小さいパックの豆腐を冷蔵庫に常備しておくと便利**です。

ホットミルクも夜寝る前の一杯としてよく名前が挙がりますが、甘いものが好きな人の場合は、つい砂糖やハチミツなどの甘みを加えたくなるもの。そうなると夜に糖質を摂ってしまうことになり、脂肪蓄積へとダイレクトにつながってしまいます。また、牛乳そのものにも脂質、糖質が含まれています。その点、豆腐なら甘みを加えることはまずなく、調味料を使うとしてもポン酢やしょうゆを少量たらすくらいですむでしょう。

また、牛乳のたんぱく質は動物性。ふだんの食事で主菜に肉や魚料理が多く、動物性たんぱく質がメインになっているとすれば、夜食には植物性たんぱくである豆腐のほうが、バランスがとれるとも考えられます。

ただ、牛乳に含まれているリンとカルシウムはマグネシウムの吸収を妨げてしまうという報告もあり、大量に摂ることは避けたいものです。

太らない食べ方

22 野菜はスムージーより生で食べる

オシャレなイメージもあるスムージーですが、ダイエットのことを考えるのであれば、私はこうしたジュースにしてしまうよりは、野菜を生でそのまま食べることをおすすめします。白米やパン、麺類に比較すれば微々たる量ですが、野菜にも糖質が含まれています。そのまま食べるよりも液体にして摂るほうが、かみ砕くプロセスがなくダイレクトに胃へ流れこむので、糖の吸収スピードが速くなり、血糖値の上昇につながりやすいのです。

よくかんで胃で分解され、**小腸に少しずつ流れていき、栄養素が少しずつ吸収されていく。この「少しずつ」の過程を経ていくことが、体には良い**のです。

また、市販のものの場合はとくに、皮をはじめかたい部分は材料として使われていないことも多く、生でそのまま食べるよりも食物繊維があまり含まれていない可能性が。もちろん野菜をたくさん摂取すること自体は、ダイエットの基本でもあり、続けていただきたい習慣ですが、生のままよくかむことにより、脳の満腹中枢が刺激されて満腹感を得られやすくなります。**血糖値を抑える意味でも、満腹感を得る意味でも、「生でそのまま食べる」がダイエットにはベター**です。

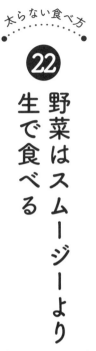

太らない食べ方

23

少ない油でしっとりおいしい「オイル蒸し」にする

カロリーを低く抑えるには、揚げ物や炒め物よりも蒸したりゆでたりするのがベター。わかってはいるけれどちょっと淡泊すぎて物足りないことも……そこでおすすめの調理法が「オイル蒸し」です。

フライパンに食材を入れ、水少々に油をスプレー。塩、こしょうして、ふたをし、蒸すだけ。下にレタスやキャベツの葉を1枚敷いたり、なければアルミホイルを敷いて材料をのせ、水をできるだけ食材に直接触れないよう底に流し入れれば、水っぽくなるのを防げます。こうすると、オイルで食材がしっとりし、とくにパサつきがちな魚の切り身や鶏のむね肉もジューシーに。さらに蒸すことで食材のうまみが閉じこめられるので、調味料は最小限でもおいしくなるのが人気の秘訣です。**オイルを使う分、普通に蒸すよりはカロリーアップになりますが、炒め物に比べれば、食材が油を吸収する量が少なくてすむので、使う油そのものの量も減らせます。**

野菜を入れれば水分が出るので、水は通常の蒸し料理ほど入れなくてもＯＫ。でも、強火のまま蒸すと焦げつきやすいので、火加減には気をつけましょう。

医師おすすめ！ダイエットにきく！「美ボディ」レシピ

私が日ごろよく作っているヘルシーメニューがこちら。身近な材料で、作り方もシンプルなので、ぜひダイエットライフに役立ててくださいね。

たっぷり野菜のいり豆腐

良質なたんぱく質をたっぷり摂れます

●材料（2人分）

木綿豆腐 1丁（300g）
鶏むね肉 100g
にんじん 1/3本
しいたけ 2枚
いんげん 3本
卵 1個
オリーブ油 小さじ1
★だし汁 100cc
★みりん 大さじ2
★しょうゆ 大さじ2
★エリスリトール 小さじ2

※エリスリトールとは市販されている人工甘味料のこと。ゼロカロリーなので砂糖の代替に使うのがおすすめ。

●作り方

❶耐熱皿にキッチンペーパーで包んだ木綿豆腐をのせ600Wで2分加熱して水きりする。
❷鶏むね肉はミキサーでミンチ状にする。
❸フライパンにオリーブ油をひいて❷を色が変わるまで炒める。
❹その後、食べやすく切ったにんじん、しいたけ、いんげんの順に加えて炒める。
❺❹に豆腐を加え木べらでつぶしながら炒め合わせる。
❻★の調味料を加えて水分を飛ばすように中火で4分煮詰める。
❼溶き卵を回し入れ、全体を大きく混ぜ合わせて完成。

罪悪感を感じにくいアイスクリーム

わが家の手作りアイスの定番。栄養価もバッチリ

●材料（4人分）

ヨーグルト（できれば水きりしたヨーグルトか市販のギリシャヨーグルトだとコクがアップ）300g
メープルシロップ 30g
★粗く刻んだピスタチオ 適量
★冷凍ミックスベリー 適量
あればエディブルフラワー 適量

●作り方

❶ヨーグルトとメープルシロップを混ぜ合わせる。
❷バットに❶を流し入れ★を盛りつける。
❸途中でかき混ぜながら、冷凍庫で凍らせたら完成。

ささみをパサつかずに
うまみたっぷりでいただけます

ささみのピカタ風

●材料（2人分）
鶏ささみ 4本
塩 少々
こしょう 少々
米粉 適量
オリーブ油 大さじ2
＊ころも：
粉チーズ 大さじ3
ミックスバジル 小さじ1
卵 2個
＊トマトソース：
カットトマト缶 100g
みじん切り玉ねぎ 1/4個分
顆粒コンソメスープの素
小さじ1/2
塩 少々
こしょう 少々

●作り方
❶鶏ささみは筋をとり、横から包丁を入れて観音開きにし、塩・こしょうで下味をつけてから米粉をまぶす。トマトソースの材料は鍋に入れてひと煮立ちさせておく。
❷ボウルに粉チーズ・ミックスバジル・卵を入れて混ぜ、❶を入れてころもをつける。
❸フライパンにオリーブ油をひいて中火で熱し❷を並べる。
❹焼き色がついたら裏返し裏面も同様に焼く。両面に焼き色がついたら皿に盛りつけ、トマトソースをかけたら完成。

ラタトゥイユとサーモンが
好相性。冷蔵保存も

鮭入りラタトゥイユ

●材料（2人分）
生鮭（切り身）2切れ
塩・こしょう 各少々
なす 2本
ズッキーニ 1本
玉ねぎ 1/2個
黄パプリカ 1個
ホールトマト缶 1缶
オリーブ油 大さじ1
にんにく（つぶす）1片分
塩・こしょう 各少々
★水 1/2カップ
★ローリエ 1枚
★顆粒コンソメスープの素
小さじ1/2
★塩 小さじ1/2
★こしょう 少々
★エリスリトール 小さじ1/2

●作り方
❶鮭はひとくち大に切って塩・こしょうをふる。なす、ズッキーニは2cm厚さの半月切りにする。玉ねぎ・パプリカは2cm角に切る。トマト缶の中身はつぶしておく。
❷鍋に半量のオリーブ油を中火で熱し、鮭を焼く。両面に焼き目がついたら取り出す。
❸あいた鍋をさっと拭いて残りのオリーブ油を中火で熱し、にんにく・野菜を炒める。油が回ってしんなりしたら❷を戻し入れ、トマト缶と★を加えて15分ほど煮る。
❹塩・こしょうで味を調えたらでき上がり。

● Column ●

美ボディ医師の美づくり習慣①

老けをつくる焦げ目はパス！

私が気をつけていることのひとつに、「焦げたものを食べない」があります。肉にしろ、トーストにしろ、カリッとした焦げ目は香ばしくておいしいものですが、じつはこの焦げ目、体の細胞を劣化させてしまう作用のあることがわかっています。

健康への関心が高い方でしたら「酸化」という言葉を耳にしたことがあるのではないでしょうか。酸化は、体の細胞を傷つけ、老化の原因のひとつとされています。

ところが近年、酸化とは別の、老化を進めるメカニズムが知られるようになってきました。それが「糖化」です。なんだか砂糖でどろどろになるイメージをもたれるかもしれませんが、あながちまちがいともいえません。というのも、糖化とは、体内で余分な糖と脂質が結びつき、化学反応を起こして、AGEs《エージス》（終末糖化産物）と呼ばれる物質がつくられることを指し、これが細胞をはじめすべての組織の主成分であるたんぱく質を劣化させてしまうからです。その、糖と脂質の結びつきの原因になるのが「焦げ」なのです。たとえばホットケーキのこんがりした焼き目。これは還元糖とアミノ化合物（たんぱく質）が熱で化学反応を起こした産物です。

これと同様の反応が、体内で起こると、肌でいえば表皮を支えるコラーゲンやエラスチンといった弾力線維が劣化し、シワやたるみのもとになるのです。

第2章

きれいにスッキリヤセる「食材選び」

「口に入れるもので体ができる」── 医師としてお伝えしたいのは食べ方以前の「食材選び」。ダイエットにまつわる最新の食情報をアップデートする章です。

「食べないダイエット」は美と健康の敵

あなたは今までにどんなダイエットをしてきましたか？
早くヤセたいがあまり、こんな思いこみにとらわれていないでしょうか。

□数字がすべて。体重が減ること＝ダイエットだと信じている
□食べなければ必ずヤセる。食事を抜くのがいちばん近道
□甘いもの、脂っこいものは太るから、いっさい食べない
□低カロリーで食物繊維やビタミンが多いリンゴだけ食べればヤセられる
□今晩は大事な人との食事会。でも太りたくないからサラダだけにするつもり

これらはいずれもＮＧです。

ダイエットに熱心になればなるほど、人は「●●を食べない」「△△は減らそう」と制限に走ってしまいがちです。しかし、それでたとえ体重は減ったとしても、美しさを手に入れることはできません。私が学校に行けなくなるほど衰弱し、見た目もギスギスし、きれいと

はとてもいえない状態になってしまったように。

それはなぜだと思いますか？

私たちの体は、自分が食べたものでつくられています。そして生きるために必要な栄養を摂らなければ本末転倒、命すら脅かされてしまいます。

何かを極端に制限すると、それまで体にいきわたっていた栄養が不足することに。その結果、生理が止まったり、肌にうるおいがなくなったり、活気がなくなり病気にかかりやすくなったり、など、美や健康を損ねるさまざまなトラブルの原因になってしまうのです。

さらに、こうした**栄養バランスの乱れは体に危機感を与え、「ためこもう」とする体質へと変えてしまいます。**代謝が落ち、エネルギーが効率よく消費されなくなるため、ヤセにくい体になってしまうのです。

生きていくために体の中にとりこむ必要がある成分を「五大栄養素」といいます。ダイエットをしていてもしていなくても、生きている限り私たちはこれらを必要とします。すこやかで美しくあるためには、これらをバランスよく摂ることが前提なのです。

五大栄養素の働き

●炭水化物

糖質と食物繊維を合わせて炭水化物と呼びます。糖質は体や脳にとってのエネルギー源になり、食物繊維は腸内細菌のエサになり腸の環境を整え、免疫力アップなど全身の健康維持向上に役立ちます。
・ダイエットにとっては……
炭水化物のうち食物繊維は便秘解消や血糖値を抑えるなどの働きが。糖質は摂りすぎると血糖値が上がり代謝に悪影響を及ぼしたり、脂肪になって蓄えられやすくなります。

●たんぱく質

約20種類のアミノ酸がいくつも連なってできている高分子化合物。筋肉や臓器、皮膚や毛髪など体を構成する重要な成分。
・ダイエットにとっては……
筋肉量を増やすので基礎代謝を上げ、ヤセやすい体に。また弾力組織と呼ばれるコラーゲンの生成を促し、ハリのある肌やボディをつくります。

●脂質

エネルギー源となるほか、細胞壁や胆汁酸、ビタミンDの原料となるコレステロールの合成に関係します。
・ダイエットにとっては……
体の潤滑油として便秘解消や肌のうるおい維持に。ただしカロリーが高いため、摂りすぎると肥満につながります。

●ビタミン

代謝により、食べたものを体に役立つ成分へと変える際、それを助ける補酵素として働きます。脂溶性（ビタミンA、D、E、K）と水溶性（B群、C）の2種類に分けられます。

・ダイエットにとっては……

代謝を促進し、食べたものをすみやかにエネルギーに変え消費するのに必要。皮膚や粘膜を強くし、すこやかな美肌づくりをサポート。

●ミネラル

無機質ともいい、体の中ではつくれない成分。ビタミンと同様、体の機能の維持や調節に働きます。

・ダイエットにとっては……

代謝を高めたり、たんぱく質を合成したりと美しく健康的な体づくりには不可欠。とくに重要な4つのミネラル（鉄、亜鉛、カルシウム、マグネシウム）については92ページで詳しく述べます。

このように五大栄養素はどれも欠かしてはならないもの。大切なのはバランス、そして質のよい栄養を摂ることなのです。

カロリー計算よりあてになるのは"自分の体を見て、さわる"

私は「ベストボディ・ジャパン」というボディコンテスト出場にあたり、こまかいカロリー計算はまったく行いませんでした。そのかわりひたすら自分の体を見て、さわって、その感覚を頼りにボディメイキングを進めました。

ダイエットにのぞむ人にもっていてもらいたい前提とは

「基礎代謝量より摂取カロリーが低ければヤセるし、高ければ太る」

基礎代謝量とは、安静にしていても筋肉や内臓の活動などで消費するエネルギーのことで、次の式で求めることができます。まずは、ざっくりでいいので、自分の基礎代謝量を把握しましょう(基礎代謝基準値は75ページの表を参考にしてください)。

基礎代謝量（ｋｃａｌ／日）＝基礎代謝基準値（ｋｃａｌ／kg／日）×体重（kg）

いっぽう、摂取カロリーはいうまでもなく、日々の食事によって決まります。

日本人の基礎代謝基準値

性別	男性		女性	
年齢	基礎代謝基準値（kcal/kg／日）	参照体重（kg）	基礎代謝基準値（kcal/kg／日）	参照体重（kg）
1-2	61.0	11.5	59.7	11.0
3-5	54.8	16.5	52.2	16.1
6-7	44.3	22.2	41.9	21.9
8-9	40.4	28.0	38.3	27.4
10-11	37.4	35.6	34.8	36.3
12-14	31.0	49.0	29.6	47.5
15-17	27.0	59.7	25.3	51.9
18-29	24.0	63.2	22.1	50.0
30-49	22.3	68.5	21.7	53.1
50-69	21.5	65.3	20.7	53.0
70 以上	21.5	60.0	20.7	49.5

厚生労働省「e- ヘルスネット」より一部抜粋

そして、朝、昼、夕と、一日3回の食事をトータルでみたときに、「摂りすぎの栄養素がない」よう意識してみましょう。たとえば昼に脂質の多いものをちょっと食べすぎたら、夕食は油を使っていないメニューにするなどで、脂質を控えるようにする、といったように、です。

ときには、友達とご飯を食べたり、大事な記念日などで会食の機会があったりするでしょう。そうするとふだんより食事量が多くなり、炭水化物や脂質を摂りすぎてしまうことも。

でも、一日のうちで帳尻が合わなくても、3日間くらいで調整するイメージで、工夫すればＯＫです。

なお、炭水化物の量は、朝＝昼＞夕を意識すると、より短期間で手ごたえがつかめます。夕食をなしにすると、より結果が出やすいです。

なお、ここでの炭水化物は「主食」ととらえてＯＫです。こまかいことをいえば、おかずになる食材にも炭水化物が含まれているものはありますが（たとえば大豆や根野菜）、それはカウントしません。

「脂質抜きダイエット」はこんなに危険！

ダイエット、イコール体についた余分な脂肪を減らすこと、といったイメージから「それなら食事で脂質を摂らなければいいはず」と、極端な脂質抜きダイエットに走ってしまう人も少なくないようです。

調理はノンオイル、肉類はゆでて脂分をとるなど、油が入っているものはいっさい摂らない……そのような食生活で、はたしてダイエットは成功するのでしょうか？

答えはまちがい。医師の立場から、脂質抜きダイエットはおすすめできません。

理由は、健康へのダメージが大きすぎるから。脂肪は１g当たり９ｋｃａｌとカロリーが高いので、食べないようにすればたしかに摂取カロリーを大きく減らせます。それが減量への近道と思ってしまう気持ちはわかります。

しかし、脂質は脳や体をすこやかに保つうえで欠かせない物質の材料でもあります。極端に減らしてしまっては、ヤセることを通り越して命にも関わります。

たとえば脳。約６割は脂質です。なかでも脳内の情報伝達を担う「ミエリン鞘《しょう》」と呼ばれる組織は脂質からつくられるコレステロールを主成分とするため、不足すると脳機能の低下を招きかねません。

脳は膨大な数の神経細胞が張り巡らされ、情報網をつくっていますが、その神経細胞同士をつなげているのがミエリン鞘なのです。これが太いほど情報伝達のスピードが速くなり、脳の働きが良くなる、というわけです。

脂質を枯渇させることが脳にいかにダメージとなるか、おわかりいただけると思います。

コレステロールはほかにも、私たちをつくっている膨大な数の細胞の境目をつくっている細胞壁の原料になったり、免疫力アップなど生体の防御や調整機能に欠かせないビタミンDの原料になったり、女性ホルモンなどのホルモンの材料にもなるなど、生命維持のうえでたいへん重要な成分となっています。そのおおもとが脂質なのです。

また、脂質抜きは皮膚にもダメージが。皮膚においてうるおいを保つ成分として知られているセラミドは、脂質の主成分である脂肪酸を材料とします。保湿だけでなく、外部からの有害物質の侵入や刺激から皮膚を守る役割も担っています。

脂質抜きダイエットをすると、このセラミドをつくる脂肪酸も不足するため、**肌のうるおいが損なわれ、がさがさ肌やシワのもとに。バリア機能も低下し敏感肌になるおそれもあります。**

やみくもに減らすのではなく、目を向けるべきは「質」。体に良い油を適量、意識して摂ることを心がけましょう。

油を摂って、美しくスリムに！ ただし、気をつけるべきは「質」

先ほどもお話ししましたが、脂質は脳や体にとって必要不可欠な栄養素であり、ないがしろにはできません。

ダイエット上、気をつけるべきは2点。ひとつは、「脂質は高カロリーなので、必要とはいえ摂りすぎないこと」。そしてもうひとつは「質にこだわること」です。

裏を返せばこの2点を守って上手に脂質を摂れば、すこやかさや美しさを損なわずにスリムを目指せる、といえます。

一日の摂取量の上限は約20gといわれていますが、ここには調理用などで〝目に見える〟分以外にも、食品にもともと入っている〝目に見えない〟油もカウントされます。

クッキーやビスケットなどのお菓子やパンにも、液状や固形の油脂が多く含まれていることは、ダイエット中の方ならすでにご存じでしょう。

お菓子やパンに使われる油脂の代表格はマーガリンやバター、ショートニングやラードなどですが、これらはいずれも中性脂肪を上げやすい性質を備えています。

中性脂肪はいわゆる「メタボ」の元凶となる脂肪で、内臓に蓄積されやすく、肥満になるだけでなく、高血糖や高血圧といった生活習慣病を招いてしまいます。

低糖質をうたったお菓子やパンであっても、油脂の量は通常品と変わらないものがほとんどですので慎重に。私が主食にご飯をすすめるのは、こうした理由からでもあります。

逆に健康や美容に良いオイルとして近年、注目されているのは青魚等に豊富に含まれているn-3系と呼ばれるオイル。多価不飽和脂肪酸といってすぐれた抗酸化力をもち、血管のしなやかさを保つなど、アンチエイジングの強い味方になってくれるオイルです。青魚のEPAやDHA（次ページ参照）にも含まれます。

オリーブ油もダイエットの強い味方として知られています。オリーブオイルはオメガ9系と呼ばれ、酸化しにくいオレイン酸という脂肪酸から成っています（次ページ参照）。なかでも、新鮮なオリーブを圧搾してつくるエキストラ・バージン・オリーブオイルには、抗酸化作用の強いポリフェノールの一種、オレウロペインが豊富に含まれており、体内で脂肪細胞が増加するのを抑えてくれる作用があるとも。また加熱に強く、炒め物にも使えます。

ただ、**市販のオリーブオイルは精製されたものも多く、抗酸化物質が取り除かれているので、ダイエット効果を期待するならエキストラ・バージンと表示があるものを。**購入前に、ラベルを確認するようにしましょう。

体にいい油、よくない油を知って体の内側からきれいに

油の主成分である脂肪酸は、大きく飽和脂肪酸と不飽和脂肪酸とに分けられます。飽和脂肪酸は常温で固体のものが多く、動物性の油に多く含まれますが、植物性の油にも、常温で固まるココナッツオイルなどは飽和脂肪酸が多く含まれています。

不飽和脂肪酸は、一般に常温では液体で、植物油の脂肪酸はほとんどが不飽和脂肪酸です。動物性にも不飽和脂肪酸はあり、青魚に多く含まれるＥＰＡ（エイコサペンタエン酸）やＤＨＡ（ドコサヘキサエン酸）がよく知られています。

不飽和脂肪酸には、体内でつくることのできる一価不飽和脂肪酸と、体内でつくれない多価不飽和脂肪酸があります。さらにこれらは構造の違いにより、３つのオメガ系列に分類されます。

おもなものには、オメガ３系列はα-リノレン酸やＥＰＡ、ＤＨＡ、オメガ６系列はリノール酸、オメガ９系列はオレイン酸があります。このなかでも**オメガ３系列はダイエットしている人だけでなく、すべての人に意識して摂っていただきたい脂肪酸です。**

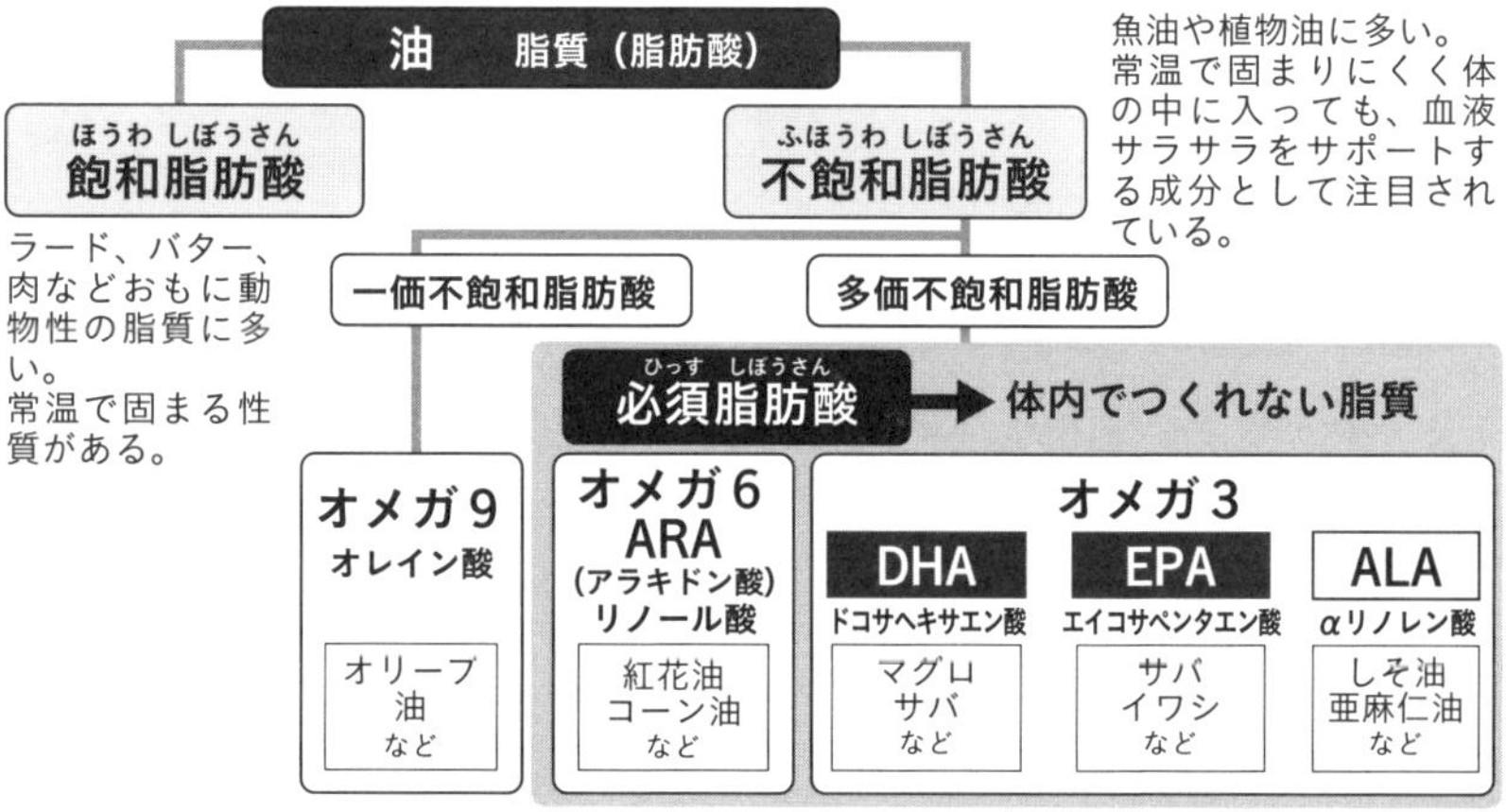

なお、近年、健康への悪影響が指摘されているトランス脂肪酸も脂肪酸の一種で、マーガリンやショートニング、業務用油などをつくる過程で発生します。また肉類等にも自然由来のトランス脂肪酸が含まれています。

トランス脂肪酸には、コレステロールのうち動脈硬化を進める悪玉コレステロールの血中濃度を上げる働きのあることがわかっており、欧米では食品中のトランス脂肪酸の量の規制や表示の義務化などが行われています。

日本ではそうした国レベルでの対応は現在のところなされていませんが、大量に摂ることは健康にとって好ましくありませんので気をつけましょう。

ココナッツオイルを選ぶなら低温抽出のもので

数年前から美容や健康に関心の高い人のあいだでブームになっているココナッツオイル。25℃程度で固形化する特性をもっており、日本では瓶詰めで売られています。強めの甘い香りが特徴で、カレーにまろやかさを出すのに使われることも。

その良さは、油の「質」。**ココナッツオイルには「中鎖脂肪酸」という脂肪分が、ほかの植物油よりも豊富に含まれています。この中鎖脂肪酸に、脂肪を効率よくエネルギーに変える働きがあることがわかり、ダイエットに良いと話題**になっているのです。

その仕組みを簡単に説明します。

一般的に食べ物で摂った脂質は、酵素の働きで分解や再合成を経て、血液中に入り、肝臓や脂肪細胞に蓄えられます。これらは、エネルギーの「備蓄」のようなもので、おもなエネルギー源である糖質（グリコーゲン）を使いきったあとに、分解されエネルギーになります。

これが中鎖脂肪酸の場合は、肝臓に到達したあと、「ケトン体」に変換され、エネルギーとして利用されやすいのです。

ケトン体も、今やダイエットに興味がある人のあいだではよく知られている言葉だと思います。ケトン体とは肝臓で、脂肪が分解されたときに発生する物質で、糖のかわりに脳や体で利用される代替エネルギーです。

つまり、ケトン体が発生するときには脂肪が消費されるので、ヤセやすくなるといわれているのです。

このようなメカニズムでダイエットをサポートしてくれる中鎖脂肪酸ですが、含まれている食品は多くありません。ココナッツオイルは手軽に入手でき、いろいろな料理に使えて風味も良いことから、人気に火がついたというわけです。

ココナッツオイルには、腸内の善玉菌を増やし悪玉菌を抑えて、腸内環境を整えたり、ぜんどう運動をスムーズにしたりする働きもあるといわれています。

ただし、こんなに健康美容効果が期待されているとはいっても、過信は禁物。摂りすぎれば当然、カロリーオーバーで太るもとに。

また、市販のココナッツオイルのなかには、リン酸ナトリウムを含む添加物が入っているものがあります。リン酸ナトリウムは摂りすぎることにより骨に不可欠なミネラルであるカルシウムの吸収が阻害されるなどの、健康への悪影響が懸念されますので、**選ぶときには添加物が含まれていない低温抽出のものを選ぶとよいでしょう。**

ダイエット食材の代表「大豆」は食べるタイミングが大事

大豆はたんぱく質が豊富なことから、「畑の牛肉」ともいわれています。たんぱく質だけでなく、食物繊維やオリゴ糖といった、整腸作用のある成分も含まれており、便秘解消にもよいとされています。さらに大豆サポニンと呼ばれる、脂肪の蓄積を抑える効果があるとされている成分も。

こうした栄養面での特徴から、昨今では〝大豆ダイエット〟なる言葉も生まれ、ヤセたい人のあいだで注目の的になっているようです。「同じたんぱく質を摂るなら、肉や魚よりも大豆がいいわ」と思っている人も多いのではないでしょうか。

大豆は比較的胃での消化スピードが遅い分、腹持ちがいい点もダイエット向きといえます。豆腐や納豆、豆乳など、身近な加工食品がたくさんあるので手軽に摂りやすいのも魅力。

でも、だからといって、**大豆だけ食べてヤセるといった考え方には疑問があります。**食べれば食べるほどヤセる、とか、肉や魚を食べずに、たんぱく質はすべて大豆製品に置き換えればよい、というのは誤った思いこみ。むしろ、食べすぎるとダイエットの妨げになるおそれもあります。

なぜなら、大豆は肉や魚と違い、穀物なので炭水化物（糖質）も多いからです。しかも、100g当たりで比較すると、大豆は約400kcal、ご飯は約170kcalとなり、ご飯よりも高カロリー。植物性、イコールヘルシーとのイメージをもたれがちですが、食べすぎれば当然、肥満につながってしまいます。

また、大豆だけでは、体に必要かつ体内では合成されない必須アミノ酸をすべて補うことはできません。必須アミノ酸はイソロイシン、ロイシン、リジン、メチオニン、フェニルアラニン、トレオニン（スレオニン）、トリプトファン、バリン、ヒスチジン、の9種類ありますが、このなかのメチオニンが大豆には少ないのです。

やはり、さまざまな食材をバランスよく食べることが基本。たんぱく質を摂る目的なら、赤身の肉や魚、乳製品、そして大豆と幅広い食材からチョイスしましょう。

なお、**大豆は血糖値が上がりにくい食品でもあるので、食べるなら食事の最初、野菜と同じタイミングを心がける**と、主食の糖質の吸収をゆるやかにする作用が期待できます。

なお、枝豆や黒大豆も大豆の仲間であり、含まれる栄養素もほぼ同じ。黒大豆の皮はアントシアニンという色素によって黒くなっており、このアントシアニンは抗酸化作用のあるポリフェノールの一種として知られています。眼精疲労予防や眼の働きをアップ、血液サラサラなどに良いといわれています。

朝と昼はフルーツで夜は野菜で摂るのがビタミンCのお約束

すぐれた抗酸化作用をもち、美肌やアンチエイジングに良いとされるビタミンC。**細胞の代謝を高めエネルギーの消費を助けたり、脂肪をためこむ脂肪細胞へのエネルギーの蓄積を抑えたりする働きもあるとされ、ダイエットにも欠かせないビタミン**です。

水溶性ビタミンで、体にためこんでおくことはできず、一度にたくさん摂っても余剰分は尿とともに排泄されてしまうので、毎日、意識して摂りたいもの。できれば毎食、こまめに、がおすすめです。

最近、「ビタミンCを朝に摂ると、シミのもとになるのですか？」と聞かれることがありますが、まちがいです。

とある研究で、果物や野菜に多く含まれるソラレンという物質が、肌の紫外線に対する感受性を高めてしまうという結果が報告されました。ソラレンは紫外線を体内に吸収し、日焼けを起こしやすくする成分で、朝食べるとシミやそばかすなどの肌トラブルのもとになるのです。

ソラレンがとくに多く含まれるのは、グレープフルーツやオレンジ、レモンといった柑橘類。また、セロリやパセリ、きゅうりといった野菜にも多いことがわかっています。

しかし、ビタミンCはソラレンとはまったく別の物質。それにもかかわらず、柑橘類に多いイメージがあるビタミンCまで悪者であるかのように誤解され、広まってしまっているようです。

ビタミンCは朝摂ってもシミのもとになることはありません。ちなみにビタミンC配合の化粧品を朝ぬっても、そのような心配は無用です。

ビタミンCは、よく知られているように果物や野菜に多く含まれます。**ダイエットの観点でいえば、ビタミンCは「朝と昼は果物で、夜は野菜で」摂るのがベター。**果物は糖質が多いので、夜食べるとエネルギーの余剰分が出やすく、脂肪になりやすいからです。ビタミンCは積極的に朝に摂ってください。

とくに、果物の糖質である果糖は、単に太りやすいだけでなく、体内の代謝を乱し、血糖値や血圧、悪玉コレステロール値を上げるもとになる中性脂肪に変わりやすい性質があるので、夜はできるだけ控えるほうが賢明です。

野菜で、ビタミンCが多く含まれているものには、パプリカやブロッコリー、ケール、かいわれ大根、モロヘイヤなどがあります。ビタミンCは熱に弱いため、生食がもっとも効率の良い摂り方。かいわれ大根やモロヘイヤは、スープやグリルなどのトッピングにも向いています。

いっぽう、じゃがいもやさつまいもにもビタミンCは豊富で、しかも熱に強い特性があります。煮込み料理に向いている食材は、スープにして溶けだしたビタミンCを汁ごといただくのも良いでしょう。

甘くないのに……？糖質の多い調味料に注意

最近は糖質制限ブームもあり、ネットなどで手軽に糖質の多い食品を調べることができるようになりました。また、ご飯やパン、うどん、パスタなどの主食の成分は糖質が中心であることはすでによく知られています。

しかし、調味料は見落としがち。糖質が多いもの、少ないもの、みなさんはどのくらい知っているでしょうか？　砂糖に糖質が多いのは当然ですが、たとえば味噌は？　マヨネーズは？　と聞かれると、わかりにくいですよね。

せっかく野菜をたっぷり、主食は少なめの食事を心がけても、その野菜にかける調味料が糖質の多いものだったら効果は半減。たった大さじ１杯程度の量だとしても、毎日のことになれば気にしている人とそうでない人との差はかなりついてしまいます。

たとえば、韓国グルメでおなじみのコチュジャン。焼き肉はもちろんのこと、海鮮のグリルやスープ、サラダと幅広い料理と相性が良い調味料です。ピリッとした辛さや酸味が特徴的ですが、じつは糖質が多め。

メーカーや製品による差はあるものの、大さじ1杯で約10ｇもの糖質が含まれているのです。これは白砂糖やグラニュー糖と同クラスで、砂糖ではないから、といっていられません。文字どおり「甘くない」のです。

そのほか、ケチャップや中濃ソース、市販のカレールー、テンメンジャン、白味噌なども糖質が多い調味料の代表格。濃縮タイプのめんつゆも、味の調整のために糖が使われているものが多くあります。料理に手軽に使えて味が決まりやすいので便利ですが、めんつゆは塩分も高いので、できれば自分で昆布やかつおなどでだしをとるか、市販のだしパックでもできるだけ他の調味料が入っていないものを選ぶと良いでしょう。

いっぽう、糖質の少ない調味料にはマヨネーズやしょうゆなどが挙げられますが、それぞれ脂肪分や塩分が多かったりするので注意。

●糖質が多めの調味料
みりん、ケチャップ、白味噌、ソース、コチュジャン、すし酢など

●糖質が少なめの調味料
しょうゆ、塩、マヨネーズ、穀物酢、ラー油など

調味料はこれだったらたくさん摂って大丈夫、というものはなく、**どれも控えめを心がけるのが肝要です。**

レモンや梅干しには脂肪燃焼力が！

すっぱーい！　と思わず口をすぼめたくなるすっぱさのもとになっているのが「クエン酸」です。

そのクエン酸が豊富に含まれている食品の代表格が、レモンや梅干し。**日々コンスタントに摂るようにすれば、効率のよいダイエットの助けになってくれる**でしょう。クエン酸はレモンや梅干しのほか、酸味のあるフルーツや黒酢などにも豊富に含まれています。

体内には、このクエン酸を材料に、糖質や脂質をどんどんエネルギーへ変換させる「クエン酸回路」が備わっています。その回路をスムーズに動かすには、材料となるクエン酸が必要です。

クエン酸は、この回路が働くことによって、食べたものからもつくられていきますが、外からクエン酸をとれば、よりその回路を活性化させ、エネルギーを効率よくつくり出すことができると考えられます。

つまり、**体の中で余分な糖質や脂質が蓄積されてしまうのを抑え、肥満になりにくい体になるというわけ**です。

また、クエン酸には疲労物質の乳酸と結びついて燃焼させるので疲労回復効果も。生命維持のために大切なサイクルであるだけでなく、疲労を回復させながら、脂肪も燃焼してくれるのです。

そのほか、血液の酸化を抑え、サラサラにしてくれる作用があり、血流アップや抗酸化、血糖値の上昇を抑える、といった効果が期待できます。また、血のめぐりが良くなれば新陳代謝もアップするので、美肌効果も。女性にとって見逃せない作用がたくさんあります。

なお、梅干しは、腸にいいと話題の発酵食品のひとつ。腸内細菌を元気にして便秘解消などの整腸作用はもちろん、風邪をひきにくくするなどの免疫力アップも期待できます。

体内のクエン酸回路をつねにスムーズに動かし、疲労回復&燃焼効果を維持するためにも、クエン酸を含むものは、毎日食べるのがベターです。すっぱいのが苦手でそのまま食べるのはちょっと、という人は、たとえばレモンならサラダのドレッシング代わりにしたり水に絞ってレモン水にしたりすれば酸味がやわらぎますし、梅干しならパスタや炒め物など、料理の調味料としてもいろいろバリエーションがあります。それも面倒だったらお茶に梅干しを入れて梅茶にしてもＯＫ。

酸味のあるものは、塩分が控えめでも味覚が満足しやすく、食べすぎを防いでくれる効果も期待できます。上手に利用してラクヤセをかなえましょう。

ヤセ力をアップする「4つのミネラル」に注目

体の各機能を調節し、代謝を高めるのにも重要な役割を担っているミネラル。なかでも、**ダイエット中、とくに不足させたくないミネラルは「鉄」「亜鉛」「カルシウム」「マグネシウム」の4つ**です。これらはビタミンと同様に皮膚あるいは骨をすこやかに保つ働きがあります。不足すると、たとえヤセても肌あれしやすくなったり、骨がすかすかになって姿勢に影響したりなど、若々しさが失われてしまうからです。

栄養素の体への吸収は、加齢によって胃や腸の消化機能が低下していくにつれて、だんだん悪くなっていきます。さらに、ミネラルのなかには、ふつうに食事をしていても十分な量を摂りにくいものもあります。**ダイエット中だからと極端な食事制限をした結果、ミネラルが不足ぎみのままでいると、将来それを挽回することはむずかしく、歳を重ねてから大きな骨折をして寝たきりになってしまうなど、健康を損ねてしまうこと**にもなりかねません。10年後、20年後もはつらつとしたスリム美を保てるよう、意識して摂りましょう。

●鉄

⬇吸収率の高いヘム鉄と、低い非ヘム鉄の2種類ある。酸素を運搬し、肌や唇を健康なピンク色に保つほか、皮膚や骨に不可欠なコラーゲン生成に関与、エネルギー産生にも不可欠とされる。不足すると貧血や、基礎代謝の低下を招きヤセにくくなる。

多く含む食品（ヘム鉄）：豚レバー、鶏レバー、牛ヒレ肉、かつおなど

●**亜鉛**
⬇味覚の維持や、アミノ酸とともに働くことで髪や肌の健康を保つ。ビタミンAとともに働き抗酸化作用も。不足すると美容面でのマイナスのほか、体内でのたんぱく質の合成能力が落ち、美しいボディラインをつくる妨げに。
多く含む食品：牡蠣、豚レバー、鶏卵、抹茶、アーモンドなど

●**カルシウム**
⬇体を支持する骨の構成成分になる。不足すると骨が弱くなり、骨折しやすく姿勢への影響も。
多く含む食品：乳製品、大豆、小魚、小松菜、ひじきなど

●**マグネシウム**
⬇300種類以上もの酵素反応に関与し、代謝やホルモン分泌に関係。不足すると食べたものがエネルギーとして消費されにくくなり、ヤセにくくなる。
多く含む食品：ひじき、昆布、のり、大豆、さくらえび、あさりなど

抗酸化成分をまんべんなく摂れる「5色の野菜」

私たちにふりかかる病気や老いは、「酸化」が関わっているとの説が有力。ストレスや紫外線をはじめとした外部からの刺激により、呼吸で取りこんだ酸素の一部が変化し不安定になった状態を「活性酸素」といいます。これが体内で過剰につくられると細胞を傷つけてしまうのです。これを「酸化」といいます。

体内で酸化が進むと、血管がボロボロになったり、異常な細胞がつくられたりなどし、がんや心筋梗塞に代表される生活習慣病など、さまざまな疾患をもたらすもとになってしまうといわれているのです。

美容面でいえば「シミ」。紫外線を浴びることで発生した活性酸素が、おもな原因になるといわれています。

そんな困った活性酸素を除去してくれるのが「抗酸化物質」。よく名前を知られているものにカロテンやリコピン、アントシアニンなどがあります。聞いたことがある！　という人も多いのではないでしょうか。

抗酸化物質は、体内でもつくられますが限りがあるため、食品で外から摂る必要があります。豊富に含まれているのは野菜。**野菜には、抗酸化をはじめ、ビタミンやミネラル以外にも体に良い作用が期待される成分が多く、それらを総称して「ファイトケミカル（フィトケミカル）」といいます。**

身近な食品では、にんにくや玉ねぎに含まれるアリシン、ブロッコリーの芽に含まれるスルフォラファン、わさびなどに含まれるアリルイソチオシアネートなどが挙げられます。

ファイトケミカルは単独で摂るよりも、さまざまな成分を組み合わせて摂ったほうが、より効果的といわれています。しかし、**ファイトケミカルには多種多様あり、何を食べればどの物質が摂れるかを頭に入れるのはなかなかたいへん**です。

そこで、私からおすすめしたいのが、シンプルに**「野菜の色」で選ぶ方法**です。

というのも、野菜の色は、それぞれの野菜に含まれる「ファイトケミカル」に由来しているからです。

たとえば、赤なら抗酸化にすぐれたリコピンや、血流を促すカプサイシン、緑なら鎮静作用があるとされるクロロフィル、白はいわゆる〝血液サラサラ〟によい硫化アリル、といったようにです。

ただしファイトケミカルは、日ごろからできるだけたくさんの種類を摂ることが体に良いといわれています。

したがって、摂る野菜の色が多くカラフルなほど、たくさんの種類のファイトケミカルを摂ることができる、というわけです。

野菜の色と代表的なファイトケミカル

代表的な野菜はこちらです。

赤：トマト、すいか、唐辛子、いちごなど↓リコピン、カプサイシン（血流改善など）

青：赤ぶどう、ブルーベリー、なす、あずきなど↓アントシアニン（視機能向上など）

緑：ほうれんそう、ブロッコリー、セロリ、キャベツなど↓クロロフィル（炎症鎮静、解毒作用など）

黄：にんじん、かぼちゃ、とうもろこし、レモンなど↓カロテン、ルテイン（皮膚・粘膜保護など）

白：玉ねぎ、大根、大豆もやし、にんにくなど↓硫化アリル（血栓予防など）

サラダやバーニャカウダ、鍋物など、野菜を食べるときにはできるだけ、多くの色をそろえてみましょう。見た目も華やかで、ダイエットが楽しくなるはずです。

「糖質ゼロ」にだまされないで

糖質を気にする人にとって、「糖質ゼロ」や「糖質オフ」「糖質カット」という言葉はとても魅力的に思えるもの。

しかし、これは大きな落とし穴。**ペットボトルの清涼飲料水などで「糖質ゼロ」と書かれているものがあっても、まったくのゼロというわけではありません。**

じつは、健康増進法に基づく栄養表示基準制度のルールで、食品100gまたは飲料100mℓに含まれる糖質が0.5g未満であれば、「オフ」や「カット」、「低」を意味する言葉をつけてよいことになっているのです。

つまり、あるペットボトル飲料500mℓに糖質が含まれていても、2.5g未満であれば「糖質ゼロ」と記載してもよい、ということになります。

しかも**清涼飲料水などの液体の場合は、固形物よりも体内への糖の吸収スピードが速いので、血糖値が急上昇しやすく、太りやすい体になってしまうおそれがあります。**

糖質ゼロやオフ、カットの商品を否定しているわけではありませんが、問題なのは、食べ方。糖質ゼロといった表示が本当に意味するところをよく知っておくことが大事です。

黒の食材に秘められた腸活パワー

青、赤、緑、黄、白の5色の野菜を彩りよく食べることで、さまざまな抗酸化物質を幅広く摂ることができる話を前述しましたが、もうひとつ、ダイエットの強い味方になってくれる色として覚えておきたいのが「黒」です。

黒といえば真っ先に思いつくのが、**昆布**や**わかめ、ひじき**などの海藻類ではないでしょうか。よく知られているようにこうした海藻類には食物繊維が豊富に含まれており、腸内環境を整えるとされています。ダイエットの大敵である便秘を改善に導くほか、腸内細菌が元気になり代謝が促進される効果も期待できます。

また、これらは低カロリーなので、たくさん食べても安心。食事の最初に食べておけば、ご飯などの主食の量を減らすこともできるでしょう。

海藻類だけでなく、**黒ごま**や**黒豆**など、黒い食材はいろいろあります。玄米や黒砂糖に代表されるように、未精製のものも多いのが特徴。食物繊維のほかにも、食材がもともともっているビタミンやミネラルなどの栄養素をムダなく摂ることができます。

いわゆる**〝腹持ち〟のよいものが多いというのも、黒の食材がダイエット向きといわれる**

ゆえんです。小腹がすいたときには、スーパーなどで売っている、**いり黒豆**がおすすめ。低糖質・高たんぱくでヘルシーなおやつに。

さらに、黒い食材には96ページで述べた青系の野菜と同様、「アントシアニン」という抗酸化物質を含むものが多数あります。紫外線やストレスなどで過剰に発生し、老化や生活習慣病の遠因になるともいわれている活性酸素を除去したり、つくらせないようにしたりする働きがあるとして、アンチエイジングの分野でもつねに注目されている成分です。

数千年の歴史をもつ漢方の考え方でも、黒の食材は重宝されてきました。健康への作用として「血のめぐりをよくして体を温める」ことや「造血作用」が知られており、女性に多い冷えや、貧血対策にもよいと考えられています。

〝彩りのよさ〟を優先させると、黒い食材のことはつい忘れてしまいがちに。試しに今、おうちにストックしてある食材を思い出してみてください。もしかしたら、黒い食材はひとつもない！　という人もいるかもしれません。

でも、海藻しかり、黒豆しかり、黒い食材のなかには乾物をはじめ、長期保存できるものがとても多いのです。

〝きれいにヤセる〟ダイエットのサポートとして、黒の食材を日々の食事で意識して摂りましょう。

スリムをかなえるハッピーホルモン 決め手は発酵食品

「発酵食品を食べると、腸がきれいになる」――美容や健康情報に敏感な人のあいだではすでに常識。よく知られているものには**味噌**や**しょうゆ**、**こうじ**といった日本の伝統的な調味料や、**納豆**、**ぬか漬け**、**チーズ**、**ヨーグルト**などがあります。

発酵とは、食品に含まれている微生物の働きにより食品の成分が分解されること。味わいや香りが良くなったり、保存性が高まったりするとともに、ビタミンやミネラル、酵素など、体に良い成分も豊富に含まれています。

ダイエットに関しても、腸をきれいに整えることでさまざまなメリットが得られます。まず、便秘の改善。腸内の水分バランスが良くなり、ぜんどう運動（腸が不要物を押し出す運動）も順調になるので、便秘・下痢・腹部膨満感などの腸の不快な症状が解消されます。

そして、ヤセやすい体質づくり。腸内には、これを手助けする腸内細菌、通称「ヤセ菌」が存在し、腸内環境が良くなると増え活発になります。ヤセ菌は『短鎖脂肪酸』という、脂肪を燃焼しやすくし、体に蓄積しにくくする物質をつくります。

さらに、**腸内環境が整うと、心の安定をもたらすとされ、通称〝幸せホルモン〟とも呼ば**

れるセロトニンの分泌も、促進されることがわかってきています。

セロトニンは脳でもつくられますが、全体の約8割は腸でつくられることがわかってきています。セロトニンが欠乏すると、うつ病にかかりやすくなることも知られており、心身を安定させるのにとても重要な物質です。

人はストレスがかかると、つい食べることで解消しようとしがち。ダイエット中はなおさら、節制がストレスになり、反動でつい甘いものをたくさん食べてしまった……なんて苦い経験がある人も少なくないでしょう。

これも、セロトニン不足が一因になっている可能性があります。

腸が整ってセロトニンが十分に分泌されれば、こうしたストレスが軽減され、イライラ、くよくよしにくくなりますから、過剰な食欲も抑えられ、ダイエットしやすい、というわけです。

さらに、セロトニンのハッピーパワーで前向きな気持ちになれるので、ダイエットも長続きしやすくなるといえます。

肌トラブル改善や免疫力アップも期待できる発酵食品。納豆やヨーグルト、チーズなど、ふだんのメニューに取り入れやすいものがたくさんあるので、デイリーで摂ることをおすすめします。

ビネガーを積極活用してカロリーオフ

ダイエットには野菜サラダをたくさん、とはいっても、ドレッシングまでたっぷりかけてしまうと、そこに含まれる油や糖分、また塩分の量が心配です。

そこで積極活用したいのがビネガー、つまり酢。酢の主成分である酢酸には、血糖値と血圧を下げてくれるほかに内臓脂肪を減らす効果があるとされています。しかも酢は低カロリー。種類にもよりますが大さじ1杯で4〜7kcal程度です。いっぽう、シーザードレッシングやごまドレッシングなど、外食の定番人気のドレッシングにはこの10倍くらいのカロリーがあるものも少なくありません。

市販のドレッシングのかわりに、ビネガーを利用して酸味のきいたフレッシュな味わいを楽しむようにすれば、ぐんとダイエット効果が上がるというわけです。

ただ、酢とはいえ商品によっては多くの糖質を含んでいるものがあり、どんなにかけても大丈夫、というわけにはいきません。

ドレッシングにしても、酢にしても、少量の調味料で満足感を得るには、野菜サラダの場合、大きなボウルに野菜を入れてから調味料をかけ、からませるように野菜をよく混ぜましょう。そうすることで味が全体にいきわたりやすくなります。

ところで、酢には醸造酢と合成酢があることをご存じでしょうか。

醸造酢とは、酢酸菌という微生物の働きを利用して米や麦、果物などを発酵させてつくるものです。つまり、醸造酢は発酵食品のひとつであり、**腸内細菌を元気にしてお通じをよくしたり、ヤセやすい体にしてくれたりなどのダイエット効果が期待**できます。

いっぽう、合成酢は酢酸を水で薄めて人工甘味料や酸味料、化学調味料などの食品添加物を加えたものです。使うのであれば醸造酢がおすすめ。米酢や穀物酢、黒酢、バルサミコ酢などがこのカテゴリーに入ります。

なお、酢はサラダだけでなく、ステーキや焼き魚などのメインのおかずに、ソースがわりとしても活用できます。不思議なことに、炒め物やスープに入れるとすっぱくはならず、コクが増します。これは酢に含まれるアミノ酸や糖類が蒸発しにくい特性をもち、加熱によって濃縮され、味に深みを与えてくれるからです。

ただし、どんなに酢が良いといっても、直接飲むのは注意を。酸で歯の表面を覆うエナメル質が溶けてしまうトラブルが懸念されるからです。酸蝕歯《さんしょくし》といって、ときどきならまず問題ありませんが、毎日のように続けるのは避けたほうがよいでしょう。

食べてないのに太る人は「モナリザ症候群」？

食事に気をつけていても、なかなか体重が落ちない……そんな人は、体の活動と休息をコントロールする自律神経に乱れがあるせいかもしれません。

米国の肥満男性を対象にした調査で、食べすぎが理由の肥満はじつは3割程度しかなく、あとの約7割は、摂取エネルギーが正常範囲あるいは少ない人であることがわかりました。

米国のブレイ博士という人が、この現象を「活動をつかさどる交感神経の働きが低下しているから」と分析し、その英語（Most obesity known are low in sympathetic activity）の頭文字をとって「モナリザ症候群」と名付けました。

自律神経には、日中の活動時に働く交感神経と、休息

モナリザ症候群になる原因

- □ 一日中座っていることが多い
- □ 寝不足もしくは寝すぎてしまう
- □ 朝食を食べない
- □ 運動をしない
- □ ストレスが多い
- □ 寝る前にゲーム、携帯、PC のやりすぎ

など

時に働く副交感神経があります。交感神経が活発になると体の活動性が高まるので、エネルギー消費も促されるというわけです。ところが、夜更かしや朝寝坊、ばらばらの食事時間など、生活が不規則になると自律神経のバランスが崩れ、交感神経が働くべきときにうまく働かなくなってしまいます。消費されるエネルギーが少なくなってしまうため、食べる量を減らしても体重が落ちない、太ってしまう、ということに。

こうしたことから、**ダイエットを成功に導くには、食事の見直しだけでなく、交感神経と副交感神経のメリハリをつけることも重要**といえます。

もっとも手っ取り早い方法は、生活習慣のリズムを整えること。起床、食事、入浴や就寝、といった日々のルーティンをできるだけ決まった時間に行うようにするだけで、リズムが整い、自律神経の切り替えがスムーズになります。

また、ベッドでスマホなど、休むべきときに覚醒してしまうようなことは控えるのがベター。せっかく副交感神経が優位に立ち、リラックスモードになろうとしているときに、スマホをいじってしまうと交感神経が再び活発になり、覚醒してしまうからです。

交感神経と副交感神経のメリハリをつけ、エネルギーが消費されやすい体になりましょう。

美容と健康に注目の〝ビタミンD〟は日光の助けを借りる

美肌に良いビタミン、と聞いて真っ先に何を思い浮かべますか？

ほとんどの人が「ビタミンC」と答えるのではないでしょうか。

ビタミンCはすぐれた抗酸化作用をもち、シミやシワなどの、エイジングにともなう肌の悩みのお助けビタミンとして、よく知られています。また、健康面でも風邪にかかりにくくなる、などの免疫力アップの働きがあるといわれています。

しかし**近年、研究が進み、ビタミンCをしのぐ効果が期待されるビタミンとその作用があきらかになってきました。**

それが、ビタミンDです。

ビタミンDといえば、「骨をつくる」ビタミンとして知られています。骨は体のまさに屋台骨。どんなにスリムになっても、また筋肉がついたとしても、土台がしっかりしていなければそれらを支えきれず、たるんでしまったり、骨折しやすくなってしまったり。これではとても、美しく健康的なボディとはいえません。

とくに女性は中高年以降、更年期に入るとホルモンバランスが変わり、骨が弱くなってしまいます。ビタミンDは将来にわたり、女性の体にとってとても重要なビタミンなのです。

それだけではありません。ビタミンDには筋肉を強くして代謝をよくし、ダイエット効果を高める働きも。また肌のバリア機能やターンオーバーをサポートし、シミやシワなどのトラブルを遠ざけてくれる作用も期待されています。

また、がんや心臓発作、脳卒中といった病気の発症リスク低下にも関わっているといわれており、すぐれた免疫力アップ作用もあるとされ、感染症にかかりにくくなるとの報告もあります。

誤解していただきたくないのですが、けっしてビタミンDがビタミンCよりすぐれているといいたいのではありません。CもDも肌や体にとって大切なビタミンです。ですからCを意識して摂るのと同じように、Dにももっと注目していただきたいのです。


ビタミンDは、日々の食事からはなかなか十分量を摂ることができません。きのこ類や卵などに含まれていますがごく微量です。

しかし**ビタミンDは体内で合成することができます。効率よくつくるには「日光を浴びる」のがいちばん**です。

日光浴をするとなると紫外線ダメージが気になるものですが、安心してください。たった15分、手の甲など目立たないところを日光に当てるだけで、一日に必要なビタミンDをつくれるとされています。これなら、続けられそうですね。

● Column ●

美ボディ医師の美づくり習慣②

「こする」スキンケアでたるみが加速！

ボディメイクを意識する人は、フェイスラインも気になるもの。どんなに引き締まったメリハリボディの持ち主でもたるみ顔では魅力は減ってしまいます。

たとえばフェイスライン、もっと上がれ――といわんばかりに、朝晩ごしごし、強い力で肌をこすり上げていたりしませんか？ 私は、こするスキンケアは絶対にしません。

顔には、数十にもおよぶ表情筋があります。口角を上げたり、目をぱっちり見開いたりできるのもすべて表情筋のおかげです。その筋肉は、腱やじん帯と呼ばれる結合組織によって骨や関節についています。これは顔だけでなく全身の筋肉にいえることです。プロスポーツ選手が膝のじん帯を損傷して登録抹消、といったニュースを見聞きすることがあると思います。そのような、動作に欠かせない結合組織が顔にもあり、筋肉を支えているのです。当然、それらが弱くなれば土台が心もとなくなるので、たるみにつながります。

顔のじん帯は、こまかな動きをする表情筋を支えるだけに、小さくて繊細なものがほとんど。そこに強い力がかかると、負担がかかり弱まってしまうのです。そうなると、目や口を動かしたり、ほおやあごをきゅっと上げたり、といった筋肉の支えが弱くなるので、たるみやすくなってしまう、というわけです。

第3章

一日5分からでOKの美ボディづくり

最初のうちは一日5分、10分でいいので日常にストレッチや筋トレを取り入れてみましょう。体の可動域が広がったり、引き締まってくるのを実感できればしめたもの。小さな自信こそが、美ボディへの一歩です。

体重に一喜一憂しない！長い目で「きれい」をつくるが勝ち

ダイエットを開始した直後はストンと体重が落ちたものの、1〜2カ月したらほとんど数字が動かなくなり、停滞期に……そんな経験のある人は多いのではないでしょうか。

思うようにヤセないと、つい焦って、食事量を必要以上に減らしてしまったり、あるいは逆に、やけになって過食に転じたりなど、メンタル面も食生活も不安定になりやすい時期は、だれにも一度は訪れるものです。

そんなときは、2〜3日、**「あえて体重を量らない」のもひとつの打開策。**数値はたしかに、ダイエットするうえでの指標のひとつであり、目標にもなりますが、それがすべてではないからです。

そのかわり、鏡に全身を映してよく見てみましょう。今のあなたは、500gのプラスマイナス、いやもしかしたらたった100gにも一喜一憂しているかもしれない。でも鏡に映ったあなたのボディは、そのくらいの増減で大きく変わるでしょうか？　いいえ、きっとそのようなことはないでしょう。

1章、2章でご紹介した内容を確実に自分のものにすることができれば、まず太りようがありません。そして将来にわたって、健康な体を手に入れるメソッドでもありますから、今日、明日の体重にとらわれず長い目で自分の体とつきあう心もちが、ダイエットを長続きさせるポイントです。

体をいい方向へもっていく。そのために欠かせないのが「筋トレ」です。

ダイエットの成果は、人からどう見られるかによってもおおいに左右されます。どんなに体重が減っても、骨ばってしまっては魅力なし。筋トレをすることにより、体重の数値はほとんど同じでも、体の引き締まり方がまったく違ってきます。

むしろ、筋トレをまったくしないで、食事だけで人から美しいと見られる体のラインをつくるのは困難であるといっていいでしょう。

ヤセればたしかに細くはなります。しかし、筋トレなしには全体的に小さく「しぼんで」しまうのです。

しかも、ダイエットで皮下脂肪が減ったとしても、その下で支えとなる筋肉が貧弱だとたるんでしまい、重力にしたがって下半身がもたついた印象に。

いくらスリムでも上半身が鶏ガラで下半身が空気の抜けかけた風船のようでは、ちっとも魅力的ではありません。キュートな服も着映えせず、スタイルも決まらないでしょう。

そうならないためにも、食事の見直しと筋トレはダイエット必須の両輪なのです。

「食後の筋トレ」でメリハリ美ボディ＆代謝もアップ！

筋トレをすると、「筋肉を構成する筋線維が運動の刺激で傷つく↓修復のため細胞分裂が盛んになる↓筋線維が太くなる」というメカニズムによって、つくべきところにほどよいボリュームを出し、引き締めたいところはキュッとさせ、魅力的なボディラインをつくることができます。

見た目の美しさは、姿勢もおおいに影響します。たとえスタイルがよくても、うつむき加減で猫背、膝が曲がっていたりしたら、元気がなく老けて見られがち。これではたとえ数字のうえでは体重が減ったとしても、魅力的には見えません。

筋肉を鍛えることで背すじが伸び、お尻や胸の位置もアップして姿勢がよくなります。それによりますますスタイルがよく見え、あなた自身を輝かせるのです。

また、**筋肉量が増えれば基礎代謝もアップ。**エネルギーが燃焼しやすくヤセやすい体になれるというわけです。筋トレ後にジョギングなどの有酸素運動を行うと、脂肪燃焼が促されるので、引き締まった理想のボディづくりができます。

筋トレのベストなタイミングは「食事の2〜3時間後」。消化が十分にされ、食事で摂ったたんぱく質が効率よく筋肉の材料へと回されやすいからです。

なお、筋トレを食前に行うと、食べすぎを防ぐ効果が期待できます。運動により消化管から血糖値の上昇を抑えるGLP-1というホルモンが分泌されるのですが、これには食欲を抑える作用もあるからです。

次ページからは、気になる二の腕やお腹、お尻を中心にしたトレーニングメニューをご紹介します。回数の目安も記しましたが、ひととおり行うとかなりの運動量になり、きついかもしれません。大事なのは「続けること」。とくにきかせたい部位を重点的にやるもよし、今日は上半身、明日はお腹といったように、日替わりでローテするもよし、〝楽しみながら〟美ボディをつくっていきましょう。

ストレッチ&筋トレを行う際のポイント

❶体調が思わしくないときにはムリせずに
❷可動域をしっかり広げられるよう、動きやすい服装で
❸呼吸を止めていきんだり、反動をつけたりして行わない
❹「きかせたい筋肉」を意識して行う
❺鏡で、正しいポーズになっているかをチェックしながら行うと効果的

美ボディ運動❶

基本の「呼吸」法をおさらい

深く呼吸することで、運動効果をいっそう高められます

深い呼吸をすれば姿勢も安定し、腹圧が高まるので筋力を十分に発揮できるようになります。また、肋骨を締めるようにすると、お腹でしっかり呼吸ができるとともに、ウエストシェイプも。筋トレ効果を最大限に得るためにも、運動前に必ず深呼吸を行いましょう。

腹式呼吸

1回につき5～10回を目安にゆっくりと。

❶あおむけになり足を上げて膝を90度に曲げる。お腹に力が入るのを意識する。
❷手をお腹に当て、3秒かけて大きく息を吸う。お腹がふくらむのを意識する。
❸20秒かけてゆっくり息を吐く。お腹がへこむのを意識する。

さらに深い呼吸を意識するなら……

片腕、または両腕を垂直に上げることで、肋骨が締まっているのを意識する。

❶そのまま、3秒かけて大きく息を吸い、20秒かけて吐く。呼吸中に、肋骨が開かないようにする。

美ボディ運動❷

ストレッチでしなやかな体に
姿勢をよくして、まずは体の筋肉を正しい位置に

スマホやパソコンの普及で、肩が体の前側にくる「巻き肩」になるなど上半身が縮こまっている人が増えています。姿勢が悪くなるだけでなく、呼吸も浅くなり筋トレ効果が十分に得られなくなります。胸、肩、背中を中心に、上半身を広げるようにストレッチしましょう。

胸椎のストレッチ

1回につき左右10回ずつを目安に。
胸椎は背骨（脊椎）の中央を構成する部分。ここをねじると胸の前側が開き、良い姿勢に。肩こり解消にも。

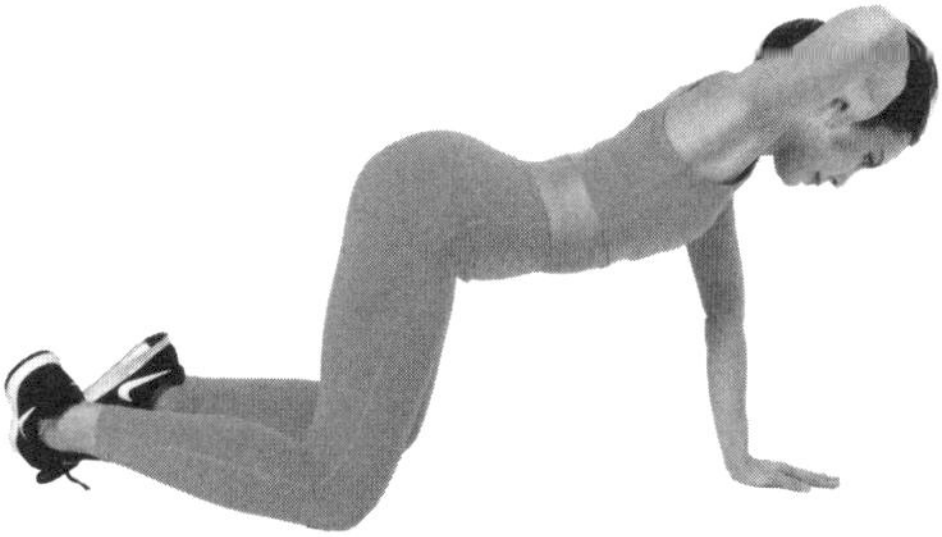

❶膝をつけよつんばいの状態になり、そのまま両手をつく。このとき背中が床と平行になるように。右手を耳の横につける。

❷左手で床を押しながら、右ひじが空から引っ張られるイメージで上げる。反対側も同様に行う。
※姿勢を低くしひじを締めると、腕や腰の動きに頼らず胸椎を集中的にストレッチできる。

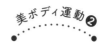

僧帽筋下部のトレーニング

一日 10 回を目安に。
僧帽筋は背中上部の大きな筋肉。僧帽筋下部をトレーニングすることで猫背を改善し、バストアップにも。

❶バンザイした状態でうつぶせになり、両腕を床から少し離す。

❷上半身を起こしながら、肩甲骨を背骨に寄せるイメージでひじを引く。

前鋸筋《ぜんきょきん》のストレッチ

一日 10 回を目安に。
前鋸筋は脇の下にある筋肉。動きをよくするとクセになってしまった巻き肩の改善、肩こり予防に効果大。

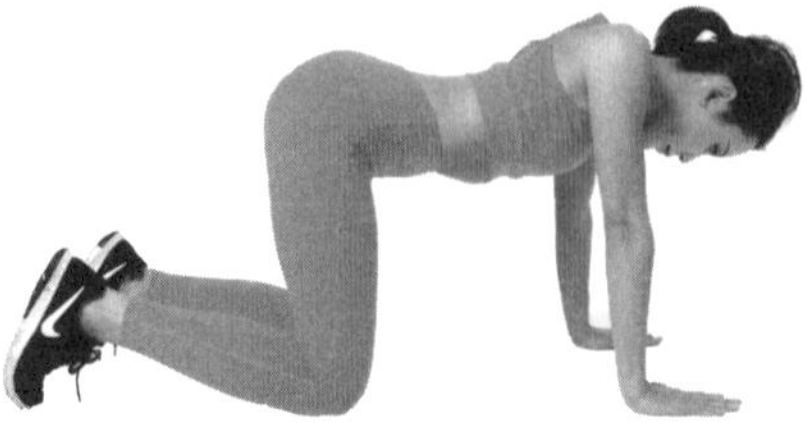
脇を締めたまま！
腰をそらさないように

❶よつんばいになり、両手を肩の真下につく。
❷ひじを曲げないようにして、肩甲骨を背骨に寄せる。

美ボディ運動❸

腹筋と体幹を引き締める

腹筋はじんわり、ゆっくり効かせるトレーニングで

おへそまわりを意識して、胸のほうへ引き上げるようなつもりで行うのが、腹筋と体幹をしっかり鍛えるポイントです。これらに負荷をきちんとかけるため、首や頭を床につけないことと、動作時に反動をつけないことに注意。

腹筋

20回を1セットとして一日3セットを目安に。
ぽっこりお腹を引っこめ、ウエストまわりもスッキリ。
便秘解消にも効果的です。

頭は床につけない！

❶あおむけになり膝を曲げて、両手を太ももの上に置く。

戻ったときもお腹の力を抜かない

❷ゆっくり呼吸をしながら、3秒かけて上半身を起こし、3秒かけて❶に戻る。

体幹

5回を1セットとして一日3セットを目安に。
体の中心部を鍛えれば、ピンとした姿勢を維持&メリハリボディに近づけます。

お腹が下がってこないよう注意

❶両ひじと両足のつま先を床につけて、写真のように背中からお尻まで一直線になるようにし、30秒キープ。

鏡で姿勢をチェックしながら行うとベター

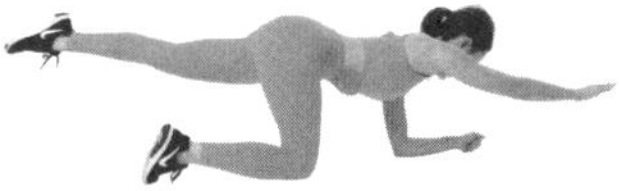

❷片方の腕を床と水平に上げ、上げたほうの腕とは逆側の足も床と水平に上げて、30秒キープ。

美ボディ運動❹

脇腹のムダ肉を撃退
段々腹にさよなら！
腰まわりをしっかりシェイプ

にっくき浮き輪の正体は、お尻の上部、腰まわりにのった脂肪。ここの筋肉にきかせるには、足をしっかりと付け根から上へ上げること。このとき骨盤がつられて浮いたり、ぐらぐらしてはNG。腰まわりからウエストにかけて意識を集中させて。

中臀筋（骨盤の骨と太ももの骨を結ぶ筋肉）・梨状筋《りじょうきん》（お尻の筋肉のひとつ）の引き締め

左右20回を1セットとして一日3セットを目安に。サイドを鍛えて左右にハリのあるヒップを。ウエスト〜ヒップのシルエットがきれいに。

❶床に横向きになり、上になった手を腰に当てる。両足は内側をつけた状態で膝を90度ぐらいに曲げる。

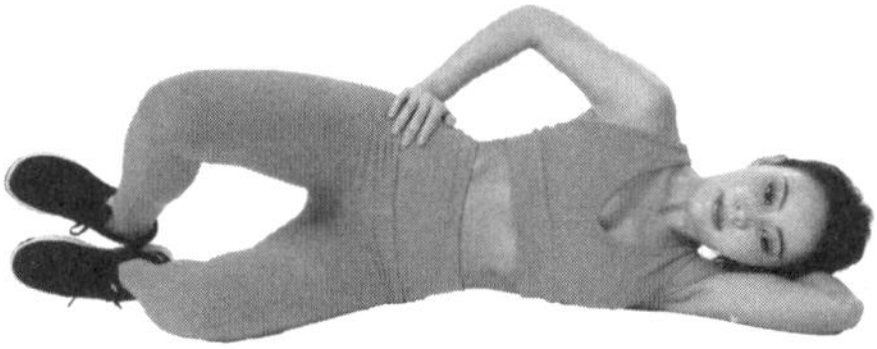

❷かかとの内側をつけたまま、上側の足の膝をゆっくりと開いたり閉じたりする。このときお尻のサイドにきいているのを意識する。

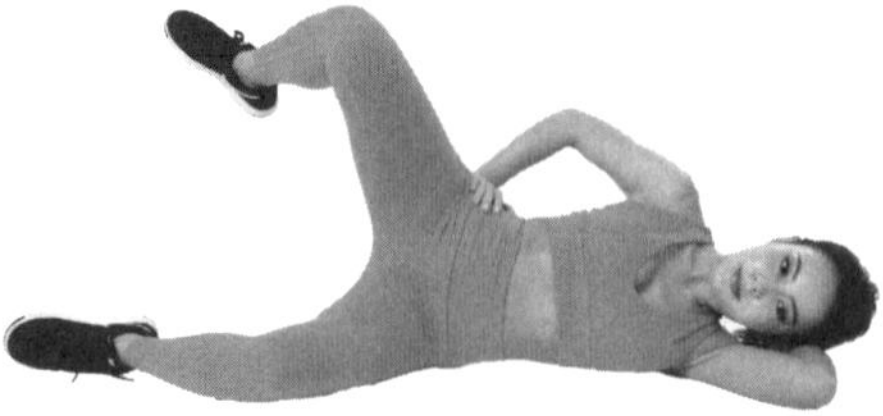

※慣れてきたら、両足の内側をつけずに行う。足をつけたときよりも、膝を外へ大きく開くようにする。いずれも、もしチューブがあれば両足の膝上に巻いて行うと、負荷が増して効果アップ！

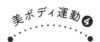

美ボディ運動5

二の腕をシュッとさせる

ひじを動かさないようにして
二の腕に力を集中させる

二の腕の気になるぷよぷよは上腕三頭筋を鍛えて撃退を。筋肉にしっかりきかせるポイントは「ひじの位置がぶれないこと」。ペットボトルの重さにつられて、ひじを動かさないようにしましょう。反動をつけずゆっくりと。

上腕三頭筋（二の腕）の引き締め

15回を1セットとして一日3セットを目安に。

二の腕はボディのなかでも〝たるみ〟が気になりやすい部分。スッキリさせれば上半身がスリムに見えます。

ひじの位置が
ぶれないように

❶床にあぐらの姿勢で座り、500mℓのペットボトルを両手で持ち、頭の上へ。

横に張り出したり、
上げたりしない

❷脇を締め、ペットボトルが頭の後ろにくるようひじを曲げる。このときペットボトルの重さに負けて、手首を曲げないように。
※500mℓでできるようになったら、1ℓの重量にトライ！　落とさないよう気をつけて。

さらにきかせたいときは……

左右15回を1セットとして一日3セットを目安に。
やや難易度の高いメニュー。二の腕にきいているのを意識して。

二の腕にきいている
のを意識して！

❶よつんばいになり片方の腕を伸ばして床につく。もう片方で500mℓのペットボトルを持ち、ひじを90度に曲げる。

❷床と水平になるよう腕を後ろへ上げる。

美ボディ運動❻

お尻の形をきれいに
キュッと上がった丸みのあるヒップをつくる

ヒップアップは体の軸を安定させることで効果が高まります。足を上げるときに、上半身には余計な力を入れず、ねじったりそらせたりしないこと。お尻と太ももの後ろ側だけに意識を集中させてトレーニングにうちこみましょう。

大臀筋（お尻の大きな筋肉）・ハムストリング（太もも）の引き締め

左右15回を1セットとして一日3セットを目安に。キュッと上がった美尻効果抜群の筋トレ。太ももの後ろ側も引き締まるので足長効果も。

足を上げるとき、首や背中をそらせないように

❶よつんばいになり、片足の膝を曲げて浮かせる。

呼吸を止めないで

❷そのままできるだけ上げ、数秒キープし❶に戻る。足は浮かせたままで。

※家にチューブがあれば膝下に巻いて行うと、負荷がさらに増して効果がアップ。

美ボディ運動❼

太ももとお尻を効率的に鍛える

一生モノの定番筋トレで
メリハリのある下半身に

膝と股関節を同時に曲げ伸ばしすることで、お尻〜足全体の引き締め効果が。うつむいたり前かがみにならず、顔を上げて正面を見るようにしましょう。背筋や腹筋も鍛えられ全身シェイプにもよい運動です。

臀筋群（お尻をつくる筋肉群）・内転筋（内ももの筋肉）

20回を1セットとして一日3セットを目安に。
筋トレの王様と呼ばれるスクワット。下半身を中心に、全身のシェイプアップに効果大。

❶足を肩幅よりやや広く開いて立ち、つま先を外側45度へ向ける。

❷ゆっくりと呼吸しながら、できるだけ深く腰を落とす。このとき膝はつま先と同じ方向に向け、内側へ入らないようにする。

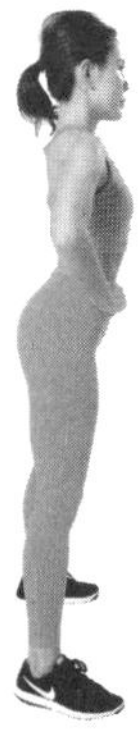

❸ゆっくりと❶の姿勢に戻る。このとき膝を伸ばしきらないこと。

二人一緒に「ペア筋トレ」で効果アップ

ダイエット仲間や家族など、パートナーがいる人は、相手の力を借りて行う「ペア筋トレ」もおすすめです。

一人で筋トレを行うときは、基本的に自重といって、自分の体の重さを利用して体に負荷をかけます。それに対し**ペア筋トレ**は、パートナーが相手の様子に合わせて力加減を調節し、負荷をかけることができるので、**ムリなく安全に、一人の場合よりも大きな負荷でのトレーニングが可能**になるのです。

ストレッチも同様に、パートナーがぐーっと引いてくれると、より筋肉をリラックスさせてよく伸ばすことができます。

ペア筋トレはモチベーションのキープにも。一人でやっているとだんだんおざなりになってしまったり、「今日はやる気が出ないなあ……」とさぼってしまいたくなったりする日もあるでしょう。でも、一緒にトレーニングをするパートナーがいれば、たがいに声を掛け合い、励まし合えるのでやる気もアップ。長続きしやすいのです。

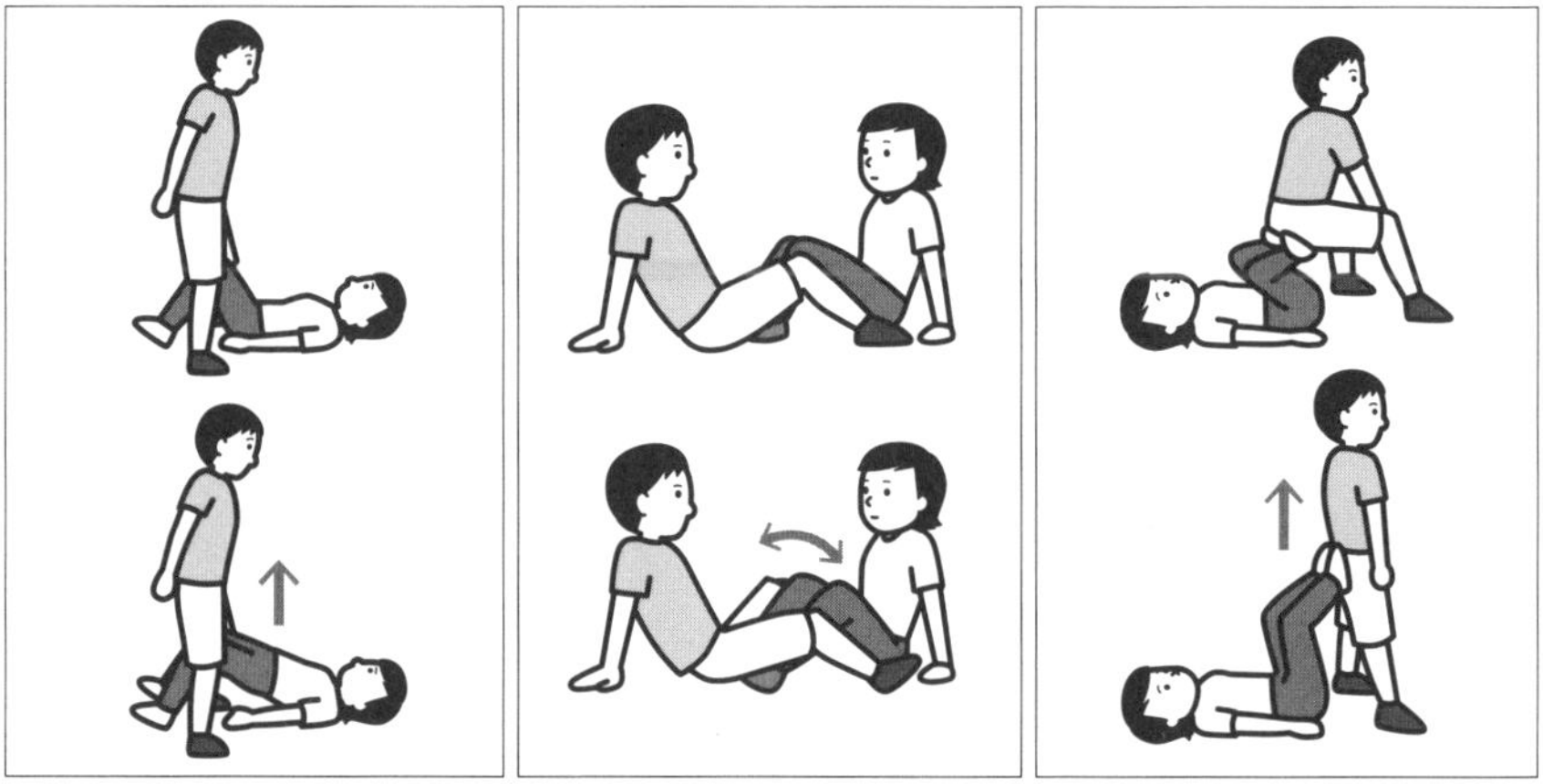

ペア筋トレの例

レッグプレス

床にあおむけになり、前に立ったパートナーのお尻を両足で押す。足はできるだけ広げて行う。

ヒップアダクション、ヒップアブダクション

向かい合わせに座り、足を交互に曲げ伸ばしする。途中で足を下ろさないように。

内側に足がある人は外に広げるように（ヒップアブダクション）、外側に足がある人は内側に閉じるように（ヒップアダクション）。内転筋（内もも）に力を入れる（内転筋を鍛えすぎると脚が太くなるので男性に外側に足を置いてもらうのが良いのかも）。お尻にぎゅっと力を入れてお尻を上に上げるようなイメージで。

ヒップスラスト

大臀筋を使って、お尻の筋肉を上に持ち上げる感覚を大事に行う。背中から腰は一直線に保ち、上げ下げで腰を曲げないように。お尻を上げる位置はしっかり上まで上げ、お尻を上げたときには一時停止してしっかりお尻を収縮させること。補助してもらう相手には、脚を閉じる方向に力を入れてもらう。

● Column ●

美ボディ医師の美づくり習慣③

「プロテインでヤセる」はバツ あくまで体づくりの補助に

ダイエッターのあいだで、注目されているプロテイン。たんぱく質を粉末などに加工したサプリメントで、吸収がよいことなどからもともとアスリートに利用されていましたが、今は味つけや見た目など、一般の、とくに女性受けがよい商品が多く登場しています。

引き締まった体づくりや、健康に良いといった評判から、ダイエットにも効果的という認識が広まっていったように思います。

しかし、あなたがもし、あたかもプロテインでヤセるかのようなイメージをもっているとしたら、それは誤り。

たんぱく質は、体にとって不可欠な栄養素ですし、筋肉をつくるもとになるだけでなく、肌や髪の成分にもなりますので、プロテインを摂ることによる健康や美容へのメリットはたしかに期待できるでしょう。

筋肉は筋トレや有酸素運動で酷使することで、筋肉を構成している筋線維がダメージを受けます。それを修復するためにたんぱく質が使われ、筋線維が再合成されることでより筋肉が強化され、量も増えることがわかっています。このときにプロテインを補給するとすみやかに吸収され、体に使われやすいことから、筋肉づくりによいとされているのです。

しかし、たんぱく質は肉や魚、卵など日常の食生活で摂るのが基本であり、運動量の多いアスリートでない限り、サプリメントで摂ることによるメリットは薄いというのが私の考えです。

けっして市販のプロテイン製品を否定しているわけではありません。摂ることでたしかにたんぱく質の補給はできますし、プロテインの摂取がダイエットをするうえでの安心感や張り合いにつながるのであれば、それもメリットのひとつと考えることもできます。

ただ、繰り返しになりますが「摂りさえすればヤセる」というのはまちがい。また、摂るだけで筋肉質になり、美しいボディラインが手に入るわけでもありません。食事のコントロールや筋トレが必須です。

おわりに

健康的でメリハリのある、自分にとっての理想の体に近づきたい。そんな思いから、ダイエットと筋トレを始めたのが２年前のことです。

仕事をしながら食生活を整えたり、トレーニングに通うのは大変なこと。小腹がすけばおやつに手を出したくなるし、残業後に体を鍛えるのも「今日はやめとこう」と気持ちが折れそうなことも。

でも、がんばれば、がんばった分、確実に結果があらわれるのが「美ボディ活動」の魅力。周囲に「体型が変わったね」と言われたり、洋服もサイズを気にせずに買えるようになって、自分に自信がもてるようになりました。日々の努力は大変だと思うこともあるけれど、それを上回るメリットがあるのを実感しています。

整形外科医時代は、中年期以降の女性で膝や腰に慢性痛を抱えた患者さんを多くみてきました。ほとんどの方が肥満体形で、「ヤセなきゃ」と言いながらもどうしたらヤセられるのかわからず、自己流の誤ったダイエットに走ってしまうケースもたくさんありました。

おわりに

それでヤセない、結果が出ないだけならまだしも、偏った食生活で骨が弱くなり筋肉も落ちてしまったり、活力がなくなりだるさや抑うつ気分を訴えてくる例も少なくありませんでした。そんな患者さんたちの姿をみて、女性の美しさをサポートする仕事がしたいと、整形外科から美容外科へと転身しました。

現在、10代、20代の患者さんたちにも日々接していますが、若いうちにムリな食事制限で栄養が偏ると、私自身がかつてそうだったように、生理が止まったり、年を重ねてから骨粗しょう症になるなど、健康上のデメリットをこうむることになりかねません。仮に外見はきれいでも、体の中はもろく、寿命も短くなってしまうのでは、何のために目指す美しさかわかりません。

目指すのは、この一瞬も、これからの一生も「美ボディ」。女性の寿命がのびるなか、少しでも長く、健康美をキープするお手伝いができればと思っています。

櫻井夏子

櫻井夏子　Natsuko Sakurai

Profile
東京女子医科大学医学部卒業。TAクリニック医師。
大学時代、自分の体にコンプレックスを感じたことから「食べないダイ
エット」にはまり不健康なヤセ型に。大学卒業後は整形外科医として勤
務をし、月320時間の激務と不規則な生活によって今度は18キロの体重
増に。そうした経験から、正しい食事への向き合い方・美しい体づくり
を考え始め、自ら実践するために健康美を競う大会に出場するようにな
る。ベストボディ・ジャパン2020ジャンル別大会［ドクター部門］で
グランプリを受賞。現在は女性の美しさをさらに追求するため美容外科
へ転身。医師として6年間で1万人に食事、健康指導を行っている。
「NASM（全米スポーツ医学アカデミー）」のスポーツトレーナー資格
（コレクティブ・エクササイズ・スペシャリスト）を取得。

Instagram　@dr_natsu_fit
YouTube　「なつこ先生の美容・美ボディクリニック」

手のひらひとつで変わる！
美ボディ医師が教える
食べグセ リセットダイエット

著者　　　　櫻井夏子
編集人　　　新井晋
発行人　　　倉次辰男
発行所　　　株式会社 主婦と生活社
　　　　　　〒104-8357 東京都中央区京橋3-5-7
　　　　　　☎03-3563-5136（編集部）
　　　　　　☎03-3563-5121（販売部）
　　　　　　☎03-3563-5125（生産部）
　　　　　　https://www.shufu.co.jp/
印刷所　　　大日本印刷株式会社
製本所　　　共同製本株式会社

ISBN978-4-391-15565-5
十分に気をつけながら造本していますが、落丁本、乱丁本はお取りかえいたします。お買い求めの書店か、小社生
産部にお申し出ください。